VICTOR HUGO

LES CHANSONS

DES RUES ET DES BOIS

SIXIÈME ÉDITION

PARIS
LIBRAIRIE INTERNATIONALE
15, BOULEVARD MONTMARTRE

A. LACROIX, VERBOECKHOVEN & C°, ÉDITEURS
A Bruxelles, à Leipzig et à Livourne

1867

Tous droits de traduction et de reproduction réservés.

LES CHANSONS

DES RUES ET DES BOIS

CHEZ LES MÊMES ÉDITEURS

ŒUVRES DE VICTOR HUGO

LES MISÉRABLES. 10 volumes in-8. . . . . 60 »

    LE MÊME OUVRAGE. 10 vol. gr. in-18 jésus. . . . . 35 »

LES TRAVAILLEURS DE LA MER. 3 vol. in-8. . . . . 18 »

    LE MÊME OUVRAGE. 2 vol. gr. in-18 jésus. . . . . 7 »

WILLIAM SHAKESPEARE. 1 fort vol. in-8. . . . . 7 50

    LE MÊME OUVRAGE. 1 vol. gr. in-18 jésus. 3 50

LES CHANSONS DES RUES ET DES BOIS. 1 vol. in-8. . . 7 50

    LE MÊME OUVRAGE. 1 vol. gr. in-18 jésus. 3 50

VICTOR HUGO RACONTÉ PAR UN TÉMOIN DE SA VIE.
2 vol. in-8. . . . . 15 »

    LE MÊME OUVRAGE, 2 vol. gr. in-18 jésus. . . . . 7 »

VICTOR HUGO

LES CHANSONS

DES RUES ET DES BOIS

SIXIÈME ÉDITION

PARIS
LIBRAIRIE INTERNATIONALE
15, BOULEVARD MONTMARTRE

A. LACROIX, VERBOECKHOVEN & C⁰, ÉDITEURS
A Bruxelles, à Leipzig et à Livourne

1867

Tous droits de traduction et de reproduction réservés.

A un certain moment de la vie, si occupé qu'on soit de l'avenir, la pente à regarder en arrière est irrésistible. Notre adolescence, cette morte charmante, nous apparaît, et veut qu'on pense à elle. C'est d'ailleurs une sérieuse et mélancolique leçon que la mise en présence de deux âges dans le même homme, de l'âge qui commence et de l'âge qui achève; l'un espère dans la vie, l'autre dans la mort.

Il n'est pas inutile de confronter le point de départ avec le point d'arrivée, le frais tumulte du matin avec l'apaisement du soir, et l'illusion avec la conclusion.

Le cœur de l'homme a un recto sur lequel

est écrit *Jeunesse*, et un verso sur lequel est écrit *Sagesse*. C'est ce recto et ce verso qu'on trouvera dans ce livre.

La réalité est dans ce livre, modifiée par tout ce qui dans l'homme va au delà du réel. Ce livre est écrit beaucoup avec le rêve, un peu avec le souvenir.

Rêver est permis aux vaincus; se souvenir est permis aux solitaires.

Hauteville house, octobre 1865.

LE CHEVAL

Je l'avais saisi par la bride;
Je tirais, les poings dans les nœuds,
Ayant dans les sourcils la ride
De cet effort vertigineux.

C'était le grand cheval de gloire,
Né de la mer comme Astarté,
A qui l'aurore donne à boire
Dans les urnes de la clarté;

L'alérion aux bonds sublimes,
Qui se cabre, immense, indompté,
Plein du hennissement des cimes,
Dans la bleue immortalité.

Tout génie, élevant sa coupe,
Dressant sa torche, au fond des cieux,

IV

Superbe, a passé sur la croupe
De ce monstre mystérieux.

Les poëtes et les prophètes,
O terre, tu les reconnais
Aux brûlures que leur ont faites
Les étoiles de son harnais.

Il souffle l'ode, l'épopée,
Le drame, les puissants effrois,
Hors des fourreaux les coups d'épée,
Les forfaits hors du cœur des rois.

Père de la source sereine,
Il fait du rocher ténébreux
Jaillir pour les Grecs Hippocrène
Et Raphidim pour les Hébreux.

Il traverse l'Apocalypse ;
Pâle, il a la mort sur son dos.
Sa grande aile brumeuse éclipse
La lune devant Ténédos.

Le cri d'Amos, l'humeur d'Achille
Gonfle sa narine et lui sied ;
La mesure du vers d'Eschyle,
C'est le battement de son pied.

Sur le fruit mort il penche l'arbre,
Les mères sur l'enfant tombé ;

v

Lugubre, il fait Rachel de marbre,
Il fait de pierre Niobé.

Quand il part, l'idée est sa cible;
Quand il se dresse, crins au vent,
L'ouverture de l'impossible
Luit sous ses deux pieds de devant.

Il défie Éclair à la course;
Il a le Pinde, il aime Endor;
Fauve, il pourrait relayer l'Ourse
Qui traîne le Chariot d'or.

Il plonge au noir zénith; il joue
Avec tout ce qu'on peut oser;
Le zodiaque, énorme roue,
A failli parfois l'écraser.

Dieu fit le gouffre à son usage.
Il lui faut les cieux non frayés,
L'essor fou, l'ombre, et le passage
Au-dessus des pics foudroyés.

Dans les vastes brumes funèbres
Il vole, il plane; il a l'amour
De se ruer dans les ténèbres
Jusqu'à ce qu'il trouve le jour.

Sa prunelle sauvage et forte
Fixe sur l'homme, atome nu,

VI

L'effrayant regard qu'on rapporte
De ces courses dans l'inconnu.

Il n'est docile, il n'est propice
Qu'à celui qui, la lyre en main,
Le pousse dans le précipice,
Au delà de l'esprit humain.

Son écurie, où vit la fée,
Veut un divin palefrenier;
Le premier s'appelait Orphée;
Et le dernier, André Chénier.

Il domine notre âme entière;
Ézéchiel sous le palmier
L'attend, et c'est dans sa litière
Que Job prend son tas de fumier.

Malheur à celui qu'il étonne
Ou qui veut jouer avec lui!
Il ressemble au couchant d'automne
Dans son inexorable ennui.

Plus d'un sur son dos se déforme;
Il hait le joug et le collier;
Sa fonction est d'être énorme
Sans s'occuper du cavalier.

Sans patience et sans clémence,
Il laisse, en son vol effréné,

VII

Derrière sa ruade immense
Malebranche désarçonné.

Son flanc ruisselant d'étincelles
Porte le reste du lien
Qu'ont tâché de lui mettre aux ailes
Despréaux et Quintilien.

Pensif, j'entraînais loin des crimes,
Des dieux, des rois, de la douleur,
Ce sombre cheval des abîmes
Vers le pré de l'idylle en fleur.

Je le tirais vers la prairie
Où l'aube, qui vient s'y poser,
Fait naître l'églogue attendrie
Entre le rire et le baiser.

C'est là que croît, dans la ravine
Où fuit Plaute, où Racan se plaît,
L'épigramme, cette aubépine,
Et ce trèfle, le triolet.

C'est là que l'abbé Chaulieu prêche,
Et que verdit sous les buissons
Toute cette herbe tendre et fraîche
Où Segrais cueille ses chansons.

Le cheval luttait ; ses prunelles,
Comme le glaive et l'yatagan,

VIII

Brillaient; il secouait ses ailes
Avec des souffles d'ouragan.

Il voulait retourner au gouffre;
Il reculait, prodigieux,
Ayant dans ses naseaux le soufre
Et l'âme du monde en ses yeux.

Il hennissait vers l'invisible;
Il appelait l'ombre au secours;
A ses appels le ciel terrible
Remuait des tonnerres sourds.

Les bacchantes heurtaient leurs cistres,
Les sphinx ouvraient leurs yeux profonds;
On voyait, à leurs doigts sinistres,
S'allonger l'ongle des griffons.

Les constellations en flamme
Frissonnaient à son cri vivant
Comme dans la main d'une femme
Une lampe se courbe au vent.

Chaque fois que son aile sombre
Battait le vaste azur terni,
Tous les groupes d'astres de l'ombre
S'effarouchaient dans l'infini.

Moi, sans quitter la plate-longe,
Sans le lâcher, je lui montrais

Le pré charmant, couleur de songe,
Où le vers rit sous l'antre frais.

Je lui montrais le champ, l'ombrage,
Les gazons par juin attiédis;
Je lui montrais le pâturage
Que nous appelons paradis.

— Que fais-tu là ? me dit Virgile.
Et je répondis, tout couvert
De l'écume du monstre agile :
— Maître, je mets Pégase au vert.

LIVRE PREMIER

—

JEUNESSE

I

FLORÉAL

I

ORDRE DU JOUR DE FLORÉAL

Victoire, amis! je dépêche
En hâte et de grand matin
Une strophe toute fraîche
Pour crier le bulletin.

J'embouche sur la montagne
La trompette aux longs éclats;
Sachez que le printemps gagne
La bataille des lilas.

Jeanne met dans sa pantoufle
Son pied qui n'est plus frileux;

Et voici qu'un vaste souffle
Emplit les abîmes bleus.

．

L'oiseau chante, l'agneau broute;
Mai, poussant des cris railleurs,
Crible l'hiver en déroute
D'une mitraille de fleurs.

II

Orphée, aux bois du Caystre,
Écoutait, quand l'astre luit,
Le rire obscur et sinistre
Des inconnus de la nuit.

Phtas, la sibylle thébaine,
Voyait près de Phygalé
Danser des formes d'ébène
Sur l'horizon étoilé.

Eschyle errait à la brune
En Sicile, et s'enivrait
Des flûtes du clair de lune
Qu'on entend dans la forêt.

Pline, oubliant toutes choses
Pour les nymphes de Milet,

Épiait leurs jambes roses
Quand leur robe s'envolait.

Plaute, rôdant à Viterbe
Dans les vergers radieux,
Ramassait parfois dans l'herbe
Des fruits mordus par les dieux.

Versaille est un lieu sublime
Où le faune, un pied dans l'eau,
Offre à Molière la rime,
Étonnement de Boileau.

Le vieux Dante, à qui les âmes
Montraient leur sombre miroir,
Voyait s'évader des femmes
Entre les branches le soir.

André Chénier sous les saules
Avait l'éblouissement
De ces fuyantes épaules
Dont Virgile fut l'amant.

Shakspeare, aux aguets derrière
Le chêne aux rameaux dormants,
Entendait dans la clairière
De vagues trépignements.

O feuillage, tu m'attires;
Un dieu t'habite; et je crois
Que la danse des satyres
Tourne encore au fond des bois.

III

ΨΥΧΗ

Psyché dans ma chambre est entrée,
Et j'ai dit à ce papillon :
— « Nomme-moi la chose sacrée.
« Est-ce l'ombre? est-ce le rayon?

« Est-ce la musique des lyres?
« Est-ce le parfum de la fleur?
« Quel est entre tous les délires
« Celui qui fait l'homme meilleur?

« Quel est l'encens? quelle est la flamme?
« Et l'organe de l'avatar,
« Et pour les souffrants le dictame,
« Et pour les heureux le nectar?

« Enseigne-moi ce qui fait vivre,
« Ce qui fait que l'œil brille et voit!

« Enseigne-moi l'endroit du livre
« Où Dieu pensif pose son doigt.

« Qu'est-ce qu'en sortant de l'Érèbe
« Dante a trouvé de plus complet?
« Quel est le mot des sphinx de Thèbe
« Et des ramiers du Paraclet?

« Quelle est la chose, humble et superbe,
« Faite de matière et d'éther,
« Où Dieu met le plus de son verbe
« Et l'homme le plus de sa chair?

« Quel est le pont que l'esprit montre,
« La route de la fange au ciel,
« Où Vénus Astarté rencontre
« A mi-chemin Ithuriel?

« Quelle est la clef splendide et sombre
« Comme aux élus chère aux maudits,
« Avec laquelle on ferme l'ombre
« Et l'on ouvre le paradis?

« Qu'est-ce qu'Orphée et Zoroastre,
« Et Christ que Jean vint suppléer,
« En mêlant la rose avec l'astre,
« Auraient voulu pouvoir créer?

« Puisque tu viens d'en haut, déesse,
« Ange, peut-être le sais-tu?

« O Psyché! quelle est la sagesse?
« O Psyché! quelle est la vertu?

« Qu'est-ce que, pour l'homme et la terre,
« L'infini sombre a fait de mieux?
« Quel est le chef-d'œuvre du père?
« Quel est le grand éclair des cieux? »

Posant sur mon front, sous la nue,
Ses ailes qu'on ne peut briser,
Entre lesquelles elle est nue,
Psyché m'a dit : C'est le baiser.

IV

LE POÈTE BAT AUX CHAMPS

I

Aux champs, compagnons et compagnes !
Fils, j'élève à la dignité
De géorgiques les campagnes
Quelconques où flambe l'été !

Flamber, c'est là toute l'histoire
Du cœur, des sens, de la saison,
Et de la pauvre mouche noire
Que nous appelons la raison.

Je te fais molosse, ô mon dogue !
L'acanthe manque ? j'ai le thym.
Je nomme Vaugirard églogue ;
J'installe Amyntas à Pantin.

La nature est indifférente
Aux nuances que nous créons

Entre Gros-Guillaume et Dorante ;
Tout pampre a ses Anacréons.

L'idylle volontiers patoise.
Et je ne vois point que l'oiseau
Préfère Haliarte à Pontoise
Et Coronée à Palaiseau.

Les plus beaux noms de la Sicile
Et de la Grèce ne font pas
Que l'âne au fouet soit plus docile,
Que l'amour fuie à moins grands pas.

Les fleurs sont à Sèvre aussi fraîches
Que sur l'Hybla, cher au sylvain ;
Montreuil mérite avec ses pêches
La garde du dragon divin.

Marton nue est Phyllis sans voiles ;
Fils, le soir n'est pas plus vermeil,
Sous son chapeau d'ombre et d'étoiles,
A Blanduse qu'à Montfermeil.

Bercy pourrait griser sept Sages ;
Les Auteuils sont fils des Tempés ;
Si l'Ida sombre a des nuages,
La guinguette a des canapés.

Rien n'est haut ni bas ; les fontaines
Lavent la pourpre et le sayon ;

L'aube d'Ivry, l'aube d'Athènes,
Sont faites du même rayon.

J'ai déjà dit parfois ces choses,
Et toujours je les redirai ;
Car du fond de toutes les proses
Peut s'élancer le vers sacré.

Si Babet a la gorge ronde,
Babet égale Pholoé.
Comme Chypre la Beauce est blonde.
Larifla descend d'Évohé.

Toinon, se baignant sur la grève,
A plus de cheveux sur le dos
Que la Callyrhoé qui rêve
Dans le grand temple d'Abydos.

Ça, que le bourgeois fraternise
Avec les satyres cornus!
Amis, le corset de Denise
Vaut la ceinture de Vénus.

II

Donc, fuyons Paris! plus de gêne!
Bergers, plantons là Tortoni!
Allons boire à la coupe pleine
Du printemps, ivre d'infini.

Allons fêter les fleurs exquises,
Partons! quittons, joyeux et fous,
Pour les dryades, les marquises,
Et pour les faunes, les voyous!

Plus de bouquins, point de gazettes!
Je hais cette submersion.
Nous irons cueillir des noisettes
Dans l'été, fraîche vision.

La banlieue, amis, peut suffire.
La fleur, que Paris souille, y naît.
Flore y vivait avec Zéphyre
Avant de vivre avec Brunet.

Aux champs les vers deviennent strophes.
A Paris l'étang, c'est l'égout.
Je sais qu'il est des philosophes
Criant très-haut : — « Lutèce est tout!

« Les champs ne valent pas la ville! »
Fils, toujours le bon sens hurla

Quand Voltaire à Damilaville
Dit ces calembredaines-là.

III

Aux champs, la nuit est vénérable,
Le jour rit d'un rire enfantin ;
Le soir berce l'orme et l'érable,
Le soir est beau ; mais le matin,

Le matin, c'est la grande fête ;
C'est l'auréole où la nuit fond,
Où le diplomate a l'air bête,
Où le bouvier a l'air profond.

La fleur d'or du pré d'azur sombre,
L'astre, brille au ciel clair encor ;
En bas, le bleuet luit dans l'ombre,
Étoile bleue en un champ d'or.

L'oiseau court, les taureaux mugissent ;
Les feuillages sont enchantés ;
Les cercles du vent s'élargissent
Dans l'ascension des clartés.

L'air frémit ; l'onde est plus sonore ;
Toute âme entr'ouvre son secret ;
L'univers croit, quand vient l'aurore,
Que sa conscience apparaît.

IV

Quittons Paris et ses casernes.
Plongeons-nous, car les ans sont courts,
Jusqu'aux genoux dans les luzernes
Et jusqu'au cœur dans les amours.

Joignons les baisers aux spondées ;
Souvenons-nous que le hautbois
Donnait à Platon des idées
Voluptueuses, dans les bois.

Vanve a d'indulgentes prairies ;
Ville-d'Avray ferme les yeux
Sur les douces gamineries
Des cupidons mystérieux.

Là, les Jeux, les Ris et les Farces
Poursuivent, sous les bois flottants,
Les chimères de joie éparses
Dans la lumière du printemps.

L'onde à Triel est bucolique ;
Asnière a des flux et reflux
Où vogue l'adorable clique
De tous ces petits dieux joufflus.

Le sel attique et l'eau de Seine
Se mêlent admirablement.

Il n'est qu'une chose malsaine,
Jeanne, c'est d'être sans amant.

Que notre ivresse se signale !
Allons où Pan nous conduira.
Ressuscitons la bacchanale,
Cette aïeule de l'opéra.

Laissons, et même envoyons paître
Les bœufs, les chèvres, les brebis,
La raison, le garde champêtre !
Fils, avril chante, crions bis !

Qu'à Gif, grâce à nous, le notaire
Et le marguillier soient émus,
Fils, et qu'on entende à Nanterre
Les vagues flûtes de l'Hémus !

Acclimatons Faune à Vincenne,
Sans pourtant prendre pour conseil
L'immense Aristophane obscène,
Effronté comme le soleil.

Rions du maire, ou de l'édile ;
Et mordons, en gens convaincus,
Dans cette pomme de l'idylle
Où l'on voit les dents de Moschus.

V

INTERRUPTION

A UNE LECTURE DE PLATON

Je lisais Platon. — J'ouvris
La porte de ma retraite,
Et j'aperçus Lycoris,
C'est-à-dire Turlurette.

Je n'avais pas dit encor
Un seul mot à cette belle.
Sous un vague plafond d'or
Mes rêves battaient de l'aile.

La belle, en jupon gris-clair,
Montait l'escalier sonore ;
Ses frais yeux bleus avaient l'air
De revenir de l'aurore.

Elle chantait un couplet
D'une chanson de la rue

Qui dans sa bouche semblait
Une lumière apparue.

Son front éclipsa Platon.
O front céleste et frivole!
Un ruban sous son menton
Rattachait son auréole.

Elle avait l'accent qui plaît,
Un foulard pour cachemire,
Dans sa main son pot au lait,
Des flammes dans son sourire.

Et je lui dis (le Phédon
Donne tant de hardiesse!) :
— Mademoiselle, pardon,
Ne seriez-vous pas déesse?

VI

Quand les guignes furent mangées,
Elle s'écria tout à coup :
— J'aimerais bien mieux des dragées.
Est-il ennuyeux, ton Saint-Cloud !

On a grand'soif; au lieu de boire,
On mange des cerises; voi,
C'est joli, j'ai la bouche noire
Et j'ai les doigts bleus; laisse-moi. —

Elle disait cent autres choses,
Et sa douce main me battait.
O mois de juin ! rayons et roses !
L'azur chante et l'ombre se tait.

J'essuyai, sans trop lui déplaire,
Tout en la laissant m'accuser,
Avec des fleurs sa main colère,
Et sa bouche avec un baiser.

VII

GENIO LIBRI

O toi qui dans mon âme vibres,
O mon cher esprit familier,
Les espaces sont clairs et libres;
J'y consens, défais ton collier,

Mêle les dieux, confonds les styles,
Accouple au pœan les agnus;
Fais dans les grands cloîtres hostiles
Danser les nymphes aux seins nus.

Sois de France, sois de Corinthe,
Réveille au bruit de ton clairon
Pégase fourbu qu'on éreinte
Au vieux coche de Campistron.

Tresse l'acanthe et la liane;
Grise l'augure avec l'abbé;

Que David contemple Diane,
Qu'Actéon guette Bethsabé.

Du nez de Minerve indignée
Au crâne chauve de saint Paul
Suspends la toile d'araignée
Qui prendra les rimes au vol.

Fais rire Marion courbée
Sur les œgipans ahuris.
Cours, saute, emmène Alphésibée
Souper au Café de Paris.

Sois gai, hardi, glouton, vorace;
Flâne, aime; sois assez coquin
Pour rencontrer parfois Horace
Et toujours éviter Berquin.

Peins le nu d'après l'Homme antique.
Payen et biblique à la fois,
Constate la pose plastique
D'Ève ou de Rhée au fond des bois.

Des amours observe la mue.
Défais ce que les pédants font,
Et, penché sur l'étang, remue
L'art poétique jusqu'au fond.

Trouble La Harpe, ce coq d'Inde,
Et Boileau, dans leurs sanhédrins;

Saccage tout; jonche le Pinde
De césures d'alexandrins.

Prends l'abeille pour sœur jumelle;
Aie, ô rôdeur du frais vallon,
Une alvéole à miel, comme elle,
Et, comme elle, un brave aiguillon.

Plante là toute rhétorique,
Mais au vieux bon sens fais écho;
Monte en croupe sur la bourrique,
Si l'ânier s'appelle Sancho.

Qu'Argenteuil soit ton Pausilippe.
Sois un peu diable, et point démon.
Joue, et pour Fanfan la Tulipe
Quitte Ajax, fils de Télamon.

Invente une églogue lyrique
Prenant terre au bois de Meudon,
Où le vers danse une pyrrhique
Qui dégénère en rigodon.

Si Loque, Coche, Graille et Chiffe
Dans Versailles viennent à toi,
Présente galamment la griffe
A ces quatre filles de roi.

Si Junon s'offre, fais ta tâche;
Fête Aspasie, admets Ninon;

Si Goton vient, sois assez lâche
Pour rire et ne pas dire : Non.

Sois le chérubin et l'éphèbe.
Que ton chant libre et disant tout
Vole, et de la lyre de Thèbe
Aille au mirliton de Saint-Cloud.

Qu'en ton livre, comme au bocage,
On entende un hymne, et jamais
Un bruit d'ailes dans une cage !
Rien des bas-fonds, tout des sommets !

Fais ce que tu voudras, qu'importe !
Pourvu que le vrai soit content ;
Pourvu que l'alouette sorte
Parfois de ta strophe en chantant ;

Pourvu que Paris où tu soupes
N'ôte rien à ton naturel ;
Que les déesses dans tes groupes
Gardent une lueur du ciel ;

Pourvu que la luzerne pousse
Dans ton idylle, et que Vénus
Y trouve une épaisseur de mousse
Suffisante pour ses pieds nus ;

Pourvu que Grimod la Reynière
Signale à Brillat-Savarin

Une senteur de cressonnière
Mêlée à ton hymne serein;

Pourvu qu'en ton poëme tremble
L'azur réel des claires eaux;
Pourvu que le brin d'herbe y semble
Bon au nid des petits oiseaux;

Pourvu que Psyché soit baisée
Par ton souffle aux cieux réchauffé;
Pourvu qu'on sente la rosée
Dans ton vers qui boit du café.

II

LES COMPLICATIONS DE L'IDÉAL

I

PAULO MINORA CANAMUS

A UN AMI

C'est vrai, pour un instant je laisse
Tous nos grands problèmes profonds ;
Je menais des monstres en laisse,
J'errais sur le char des griffons,

J'en descends ; je mets pied à terre ;
Plus tard, demain, je pousserai
Plus loin encor dans le mystère
Les strophes au vol effaré.

Mais l'aigle aujourd'hui me distance ;
(Sois tranquille, aigle, on t'atteindra)

Ma strophe n'est plus qu'une stance;
Meudon remplace Denderah.

Je suis avec l'onde et le cygne,
Dans les jasmins, dans floréal,
Dans juin, dans le blé, dans la vigne,
Dans le grand sourire idéal.

Je sors de l'énigme et du songe.
La mort, le joug, le noir, le bleu,
L'échelle des êtres qui plonge
Dans ce gouffre qu'on nomme Dieu;

Les vastes profondeurs funèbres,
L'abîme infinitésimal,
La sombre enquête des ténèbres,
Le procès que je fais au mal;

Mes études sur tout le bagne,
Sur les Juifs, sur les Esclavons;
Mes visions sur la montagne;
J'interromps tout cela; vivons.

J'ajourne cette œuvre insondable;
J'ajourne Méduse et Satan;
Et je dis au sphinx formidable:
Je parle à la rose, va-t'en.

Ami, cet entr'acte te fâche.
Qu'y faire? les bois sont dorés;

Je mets sur l'affiche : Relâche;
Je vais rire un peu dans les prés.

Je m'en vais causer dans la loge
D'avril, ce portier de l'été.
Exiges-tu que j'interroge
Le bleuet sur l'éternité!

Faut-il qu'à l'abeille en ses courses,
Au lys, au papillon qui fuit,
A la transparence des sources,
Je montre le front de la nuit?

Faut-il, effarouchant les ormes,
Les tilleuls, les joncs, les roseaux,
Pencher les problèmes énormes
Sur le nid des petits oiseaux?

Mêler l'abîme à la broussaille?
Mêler le doute à l'aube en pleurs?
Quoi donc! ne veux-tu pas que j'aille
Faire la grosse voix aux fleurs?

Sur l'effrayante silhouette
Des choses que l'homme entrevoit
Vais-je interpeller l'alouette
Perchée aux tuiles de mon toit?

Ne serai-je pas à cent lieues
Du bon sens, le jour où j'irai

Faire expliquer aux hochequeues
Le latin du Dies Iræ?

Quand, de mon grenier, je me penche
Sur la laveuse qu'on entend,
Joyeuse, dans l'écume blanche
Plonger ses coudes en chantant,

Veux-tu que, contre cette sphère
De l'infini sinistre et nu
Où saint Jean frémissant vient faire
Des questions à l'Inconnu,

Contre le globe âpre et sans grèves,
Sans bornes, presque sans espoir,
Où la vague foudre des rêves
Se prolonge dans le ciel noir,

Contre l'astre et son auréole,
Contre l'immense que-sait-on,
Je heurte la bulle qui vole
Hors du baquet de Jeanneton?

II

RÉALITÉ

La nature est partout la même,
A Gonesse comme au Japon.
Mathieu Dombasle est Triptolème;
Une chlamyde est un jupon.

Lavallière dans son carrosse,
Pour Louis ou pour Mars épris,
Était tout juste aussi féroce
Qu'en son coquillage Cypris.

O fils et frères, ô poètes,
Quand la chose est, dites le mot.
Soyez de purs esprits, et faites.
Rien n'est bas quand l'âme est en haut.

Un hoquet à Silène échappe
Parmi les roses de Pœstum.

Quand Horace étale Priape,
Shakspeare peut risquer Bottom.

La vérité n'a pas de bornes.
Grâce au grand Pan, dieu bestial,
Fils, le réel montre ses cornes
Sur le front bleu de l'idéal.

III

EN SORTANT DU COLLÉGE

PREMIÈRE LETTRE

Puisque nous avons seize ans,
Vivons, mon vieux camarade,
Et cessons d'être innocents;
Car c'est là le premier grade.

Vivre c'est aimer. Apprends
Que, dans l'ombre où nos cœurs rêvent,
J'ai vu deux yeux bleus, si grands
Que tous les astres s'y lèvent.

Connais-tu tous ces bonheurs?
Faire des songes féroces,

Envier les grands seigneurs
Qui roulent dans des carrosses,

Avoir la fièvre, enrager,
Être un cœur saignant qui s'ouvre,
Souhaiter d'être un berger
Ayant pour cahute un Louvre,

Sentir, en mangeant son pain
Comme en ruminant son rêve,
L'amertume du pepin
De la sombre pomme d'Ève;

Être amoureux, être fou,
Être un ange égal aux oies,
Être un forçat sous l'écrou;
Eh bien, j'ai toutes ces joies!

Cet être mystérieux
Qu'on appelle une grisette
M'est tombé du haut des cieux.
Je souffre. J'ai la recette.

Je sais l'art d'aimer; j'y suis
Habile et fort au point d'être
Stupide, et toutes les nuits
Accoudé sur ma fenêtre.

DEUXIÈME LETTRE

Elle habite en soupirant
La mansarde mitoyenne.
Parfois sa porte, en s'ouvrant,
Pousse le coude à la mienne.

Elle est fière; parlons bas.
C'est une forme azurée
Qui, pour ravauder des bas,
Arrive de l'empyrée.

J'y songe quand le jour naît,
J'y rêve quand le jour baisse.
Change en casque son bonnet,
Tu croirais voir la Sagesse.

Sa cuirasse est un madras;
Elle sort avec la ruse
D'avoir une vieille au bras
Qui lui tient lieu de Méduse.

On est sens dessus dessous
Rien qu'à voir la mine altière
Dont elle prend pour deux sous
De persil chez la fruitière.

Son beau regard transparent
Est grave sans airs moroses.

On se la figure errant
Dans un bois de lauriers-roses.

Pourtant, comme nous voyons
Que parfois de ces Palmyres
Il peut tomber des rayons,
Des baisers et des sourires ;

Un drôle, un étudiant,
Rôde sous ces chastes voiles ;
Je hais fort ce mendiant
Qui tend la main aux étoiles.

Je ne sors plus de mon trou.
L'autre jour, étant en verve,
Elle m'appela : Hibou.
Je lui répondis : Minerve.

IV

PAUPERTAS

Être riche n'est pas l'affaire;
Toute l'affaire est de charmer;
Du palais le grenier diffère
En ce qu'on y sait mieux aimer.

L'aube au seuil, un grabat dans l'angle;
Un éden peut être un taudis;
Le craquement du lit de sangle
Est un des bruits du paradis.

Moins de gros sous, c'est moins de rides.
L'or de moins, c'est le doute ôté.
Jamais l'amour, ô cieux splendides!
Ne s'éraille à la pauvreté.

A quoi bon vos trésors mensonges
Et toutes vos piastres en tas,

Puisque le plafond bleu des songes
S'ajuste à tous les galetas !

Croit-on qu'au Louvre on se débraille
Comme dans mon bouge vainqueur,
Et que l'éclat de la muraille
S'ajoute aux délices du cœur ?

La terre, que gonfle la séve,
Est un lieu saint, mystérieux,
Sublime, où la nudité d'Ève
Éclipse tout, hormis les cieux.

L'opulence est vaine, et s'oublie
Dès que l'idéal apparaît,
Et quand l'âme est d'extase emplie
Comme de souffles la forêt.

Horace est pauvre avec Lydie ;
Les amours ne sont point accrus
Par le marbre de Numidie
Qui pave les bains de Scaurus.

L'amour est la fleur des prairies.
O Virgile, on peut être Églé
Sans traîner dans les Tuileries
Des flots de velours épinglé.

Femmes, nos vers qui vous défendent,
Point avares et point pédants,

Pour vous chanter, ne vous demandent
Pas d'autres perles que vos dents.

Femmes, ni Chénier ni Properce
N'ajoutent la condition
D'une alcôve tendue en perse
A vos yeux, d'où sort le rayon.

Une Madelon bien coiffée,
Blanche et limpide, et riant frais,
Sera pour Perrault une fée,
Une dryade pour Segrais.

Suzon qui, tresses dénouées,
Chante en peignant ses longs cheveux,
Fait envoler dans les nuées
Tous nos songes et tous nos vœux.

Margot, c'est Glycère en cornette·
O chimères qui me troublez,
Le jupon de serge d'Annette
Flotte en vos azurs étoilés

Que m'importe, dans l'ombre obscure,
L'habit qu'on revêt le matin,
Et que la robe soit de bure
Lorsque la femme est de satin !

Le sage a son cœur pour richesse.
Il voit, tranquille accapareur,

Sans trop de respect la duchesse,
La grisette sans trop d'horreur.

L'amour veut que sans crainte on lise
Les lettres de son alphabet;
Si la première est Arthémise,
Certes, la seconde est Babet.

Les pauvres filles sont des anges
Qui n'ont pas plus d'argent parfois
Que les grives et les mésanges
Et les fauvettes dans les bois.

Je ne rêve, en mon amourette,
Pas plus d'argent, ô vieux Paris,
Sur la gaîté de Turlurette
Que sur l'aile de la perdrix.

Est-ce qu'on argente la grâce?
Est-ce qu'on dore la beauté?
Je crois, quand l'humble Alizon passe,
Voir la lumière de l'été.

V

O HYMÉNÉE!

Pancrace entre au lit de Lucinde;
Et l'heureux hymen est bâclé
Quand un maire a mis le coq d'Inde
Avec la fauvette sous clé.

Un docteur tout noir d'encre passe
Avec Cyllanire à son bras;
Un bouc mène au bal une grâce;
L'aurore épouse le fatras.

C'est la vieille histoire éternelle;
Faune et Flore; on pourrait, hélas,
Presque dire : — A quoi bon la belle? —
Si la bête n'existait pas.

Dans un vase une clématite,
Qui tremble, et dont l'avril est court!

Je trouve la fleur bien petite,
Et je trouve le pot bien lourd.

Que Philistine est adorable,
Et que Philistin est hideux!
L'épaule blanche à l'affreux râble
S'appuie, en murmurant : Nous deux!

Le capricieux des ténèbres,
Cupidon compose, ô destin!
De toutes ces choses funèbres
Son éclat de rire enfantin.

Fatal amour! charmant, morose,
Taquin, il prend le mal au mot;
D'autant plus sombre qu'il est rose,
D'autant plus dieu qu'il est marmot!

VI

HILARITAS

Chantez; l'ardent refrain flamboie;
Jurez même, noble ou vilain!
Le chant est un verre de joie
Dont le juron est le trop plein.

L'homme est heureux sous la tonnelle
Quand il a bien empaqueté
Son rhumatisme de flanelle
Et sa sagesse de gaîté.

Le rire est notre meilleure aile :
Il nous soutient quand nous tombons.
Le philosophe indulgent mêle
Les hommes gais aux hommes bons.

Un mot gai suffit pour abattre
Ton fier courroux, ô grand Caton.

L'histoire amnistie Henri quatre
Protégé par Jarnicoton.

Soyons joyeux, Dieu le désire.
La joie aux hommes attendris
Montre ses dents, et semble dire :
Moi qui pourrais mordre, je ris.

VII

MEUDON

Pourquoi pas montés sur des ânes ?
Pourquoi pas au bois de Meudon ?
Les sévères sont les profanes ;
Ici tout est joie et pardon.

Rien n'est tel que cette ombre verte,
Et que ce calme un peu moqueur,
Pour aller à la découverte
Tout au fond de son propre cœur.

On chante. L'été nous procure
Un bois pour nous perdre. O buissons !
L'amour met dans la mousse obscure
La fin de toutes les chansons.

Paris foule ces violettes ;
Breda, terre où Ninon déchut,

Y répand ces vives toilettes
A qui l'on dirait presque : Chut !

Prenez garde à ce lieu fantasque !
Ève à Meudon achèvera
Le rire ébauché sous le masque
Avec le diable à l'Opéra.

Le démon dans ces bois repose ;
Non le grand vieux Satan fourchu ;
Mais ce petit belzébuth rose
Qu'Agnès cache dans son fichu.

On entre plein de chaste flamme,
L'œil au ciel, le cœur dilaté ;
On est ici conduit par l'âme,
Mais par le faune on est guetté.

La source, c'est la nymphe nue ;
L'ombre au doigt vous passe un anneau ;
Et le liseron insinue
Ce que conseille le moineau.

Tout chante ; et pas de fausses notes.
L'hymne est tendre ; et l'esprit de corps
Des fauvettes et des linottes
Éclate en ces profonds accords.

Ici l'aveu que l'âme couve
Échappe aux cœurs les plus discrets ;

La clef des champs qu'à terre on trouve
Ouvre le tiroir aux secrets.

Ici l'on sent dans l'harmonie,
Tout ce que le grand Pan caché
Peut mêler de vague ironie
Au bois sombre où rêve Psyché.

Les belles deviennent jolies ;
Les cupidons viennent et vont ;
Les roses disent des folies
Et les chardonnerets en font.

La vaste genèse est tournée
Vers son but : renaître à jamais.
Tout vibre ; on sent de l'hyménée
Et de l'amour sur les sommets.

Tout veut que tout vive et revive,
Et que les cœurs et que les nids,
L'aube et l'azur, l'onde et la rive,
Et l'âme et Dieu, soient infinis.

Il faut aimer. Et sous l'yeuse,
On sent, dans les beaux soirs d'été,
La profondeur mystérieuse
De cette immense volonté.

Cachant son feu sous sa main rose,
La vestale ici n'entendrait

Que le sarcasme grandiose
De l'aurore et de la forêt.

Le printemps est une revanche.
Ce bois sait à quel point les thyms,
Les joncs, les saules, la pervenche,
Et l'églantier, sont libertins.

La branche cède, l'herbe plie ;
L'oiseau rit du prix Montyon ;
Toute la nature est remplie
De rappels à la question.

Le hallier sauvage est bien aise
Sous l'œil serein de Jéhovah,
Quand un papillon déniaise
Une violette, et s'en va.

Je me souviens qu'en mon bas âge,
Ayant à peine dix-sept ans,
Ma candeur un jour fit usage
De tous ces vieux rameaux flottants.

J'employai, rôdant avec celle
Qu'admiraient mes regards heureux,
Toute cette ombre où l'on chancelle,
A me rendre plus amoureux.

Nous fîmes des canapés d'herbes ;
Nous nous grisâmes de lilas ;

Nous palpitions, joyeux, superbes,
Éblouis, innocents, hélas !

Penchés sur tout, nous respirâmes
L'arbre, le pré, la fleur, Vénus ;
Ivres, nous remplissions nos âmes
De tous les souffles inconnus.

Nos baisers devenaient étranges,
De sorte que, sous ces berceaux,
Après avoir été deux anges,
Nous n'étions plus que deux oiseaux.

C'était l'heure où le nid se couche,
Où dans le soir tout se confond ;
Une grande lune farouche
Rougissait dans le bois profond.

L'enfant, douce comme une fête,
Qui m'avait en chantant suivi,
Commençait, pâle et stupéfaite,
A trembler de mon œil ravi ;

Son sein soulevait la dentelle...
Homère ! ô brouillard de l'Ida !
— Marions-nous ! s'écria-t-elle,
Et la belle fille gronda :

— Cherche un prêtre, et sans plus attendre,
Qu'il nous marie avec deux mots.

Puis elle reprit, sans entendre
Le chuchotement des rameaux,

Sans remarquer dans ce mystère
Le profil des buissons railleurs :
— Mais où donc est le presbytère?
Quel est le prêtre de ces fleurs?

Un vieux chêne était là; sa tige
Eût orné le seuil d'un palais.
— Le curé de Meudon? lui dis-je.
L'arbre me dit : — C'est Rabelais.

VIII

BAS A L'OREILLE DU LECTEUR

Dans l'amoureux, qu'Éros grise,
L'imbécile est ébauché ;
La ponte d'une bêtise
Suit le rêve d'un péché.

Crains les belles. On se laisse
Vaincre aisément par Lola.
Dieu compose de faiblesse
Ces toutes-puissances-là.

C'est en jouant que la femme,
C'est en jouant que l'enfant,
Prennent doucement notre âme.
Le faible est le triomphant.

La vertu, de sa main blanche
Et de son beau fil doré,
Recoud sans cesse la manche
Par où Joseph fut tiré.

IX

SENIOR EST JUNIOR

I

Comme de la source on dévie !
Qu'un petit-fils ressemble peu !
Tacite devient Soulavie.
Hercle se change en Palsembleu.

La lyre a fait les mandolines ;
Minos a procréé Séguier ;
La première des crinolines
Fut une feuille de figuier.

L'amour pour nous n'est présentable
Qu'ivre, coiffé de son bandeau,

Sa petite bedaine à table ;
L'antique amour fut buveur d'eau.

La Bible, en ses épithalames,
Bénit l'eau du puits large et rond.
L'homme ancien ne comprend les femmes
Qu'avec des cruches sur le front.

Agar revient de la fontaine,
Sephora revient du torrent,
Sans chanter tonton mirontaine,
Le front sage, et l'œil ignorant.

La citerne est l'entremetteuse
Du grave mariage hébreu.
Le diable l'emplit et la creuse ;
Dieu dans cette eau met le ciel bleu.

Beaux jours. Cantique des cantiques !
Oh ! les charmants siècles naïfs !
Comme ils sont jeunes, ces antiques !
Les Baruchs étaient les Baïfs.

C'est le temps du temple aux cent marches,
Et de Ninive, et des sommets
Où les anges aux patriarches
Offraient, pensifs, d'étranges mets.

Ezéchiel en parle encore ;
Le ciel s'inquiétait de Job ;

On entendait Dieu dès l'aurore
Dire : As-tu déjeuné, Jacob ?

II

Paix et sourire à ces temps calmes !
Les nourrices montraient leurs seins ;
Et l'arbre produisait des palmes,
Et l'homme produisait des saints.

Nous sommes loin de ces amphores
Ayant pour anses deux bras blancs,
Et de ces cœurs, mêlés d'aurores,
Allant l'un vers l'autre à pas lents.

L'antique passion s'apaise.
Nous sommes un autre âge d'or.
Aimer, c'est vieux. Rosine pèse
Bartholo, puis compte Lindor.

Moins simples, nous sommes plus sages.
Nos amours sont une forêt
Où, vague, au fond des paysages,
La Banque de France apparaît.

III

Rhodope, la reine d'Égypte,
Allait voir Amos dans son trou,

Respects du dôme pour la crypte,
Visite de l'astre au hibou,

Et la pharaonne superbe
Était contente chez Amos
Si la roche offrait un peu d'herbe
Aux longues lèvres des chameaux.

Elle l'adorait satisfaite,
Sans demander d'autre faveur,
Pendant que le morne prophète
Bougonnait dans un coin, rêveur.

Amestris, la Ninon de Thèbe,
Avait à son char deux griffons ;
Elle était semblable à l'Érèbe
A cause de ses yeux profonds.

Pour qu'avec un tendre sourire
Elle vînt jusqu'à son chenil,
Le mage Oxus à l'hétaïre
Offrait un rat sacré du Nil.

Un antre traversé de poutres
Avec des clous pour accrocher
Des peaux saignantes et des outres,
Telle était la chambre à coucher.

Près de Sarah, Jod le psalmiste
Dormait là sur le vert genêt,

Chargeant quelque hyène alarmiste
D'aboyer si quelqu'un venait.

Phur, pontife des Cinq Sodomes,
Fut un devin parlant aux vents,
Un voyant parmi les fantômes,
Un borgne parmi les vivants;

Pour un lotus bleu, don inepte,
La blonde Starnabuzaï
Le recevait, comme on accepte
Un abbé qui n'est point haï.

Ségor, bonze à la peau brûlée,
Nu dans les bois, lascif, bourru,
Maigre, invitait Penthésilée
A grignoter un oignon cru.

Chramnès, prêtre au temple d'Électre,
Demeurant, en de noirs pays,
Dans un sépulcre avec un spectre,
Conviait à souper Thaïs.

Thaïs venait, et cette belle,
Coupe en main, le roc pour chevet,
Ayant le prêtre à côté d'elle
Et le spectre en face, buvait.

Dans ce passé crépusculaire,
Les femmes se laissaient charmer

Par les gousses d'ail et l'eau claire
Dont se composait l'Art d'Aimer.

IV

Nos Phyllyres, nos Gloriantes,
Nos Lydés aux cheveux flottants
Ont fait beaucoup de variantes
A ce programme des vieux temps.

Aujourd'hui monsignor Nonotte
N'entre chez Blanche au cœur d'acier
Qu'après avoir payé la note
Qu'elle peut avoir chez l'huissier.

Aujourd'hui le roi de Bavière
N'est admis chez doña Carmen
Que s'il apporte une rivière,
De fort belle eau, dans chaque main.

Les belles que sous son feuillage
Retient Bade aux flots non bourbeux,
Ne vont point dans ce vieux village
Pour voir des chariots à bœufs.

Sans argent, Bernis en personne,
Balbutiant son quos ego,
Tremble au moment où sa main sonne
A la porte de Camargo.

D'Ems à Cythère, quel fou rire
Si Hafiz, fumant son chibouck,
Prétendait griser Sylvanire
Avec du vin de peau de bouc !

V

Le cœur ne fait plus de bêtises.
Avoir des chèques est plus doux
Que d'aller sous les frais cytises
Verdir dans l'herbe ses genoux.

Le soir mettre sous clef des piastres
Cause à l'âme un plus tendre émoi
Qu'une rencontre sous les astres
Disant à voix basse : Est-ce toi ?

Rien n'enchante plus une amante
Et n'échauffe mieux un cœur froid
Qu'une pile d'or qui s'augmente
Pendant que la pudeur décroît.

Les amours actuels abondent
En combinaisons d'échiquiers.
Doit, Avoir. Nos bergères tondent
Moins de moutons que de banquiers.

Le cœur est le compteur suprême.
La femme enfin a deviné

L'effrayant pouvoir de Barême
Ayant le torse de Phryné.

Tout en chantant Schubert et Webre,
Elle en vient à réaliser
L'application de l'algèbre
A l'amour, à l'âme, au baiser.

Berthe a l'air vierge; on la vénère;
Dans l'azur du rêve elle a lu
Que parfois un millionnaire,
Lourd, vient se prendre à cette glu.

Pour soulager un peu les riches
De leur argent, pesant amas,
Il sied que Paris ait les biches
Et Londres les anonymas.

VI

A tant l'heure l'éventail joue.
C'est plus cher si l'œil est plus vif.
A Daphnis présentant sa joue
Chloé présente son tarif.

Pasithée, Anna, Circélyre,
Lise au front mollement courbé,
Palmyre en pleurs, Berthe en délire,
S'amourachent par A + B.

Leurs instincts ne sont point volages.
Les mains ouvertes, en rêvant,
Toutes contemplent des feuillages
De bank-notes, tremblant au vent.

On a ces belles, on les dompte,
On est des jeunes gens altiers,
Vivons! et l'on sort d'Amathonte
Par le corridor des dettiers.

Dans tel et tel théâtre bouffe,
La musique vive et sans art
Des écus et des sous étouffe
Les cavatines de Mozart.

Les chanteuses sont ainsi faites
Qu'on est parfois, sous le rideau,
Dévalisé par les fauvettes,
Dans la forêt de Calzado.

VII

Sue un rouble par chaque pore,
Sinon, porte ton cœur plutôt
Au tigre noir de Singapore
Qu'à Flora, qu'embaume Botot.

Femme de cire, Catherine,
Glacée, et douce à tout venant,

S'offre, et d'un buste de vitrine
Elle a le sourire tournant.

Oh ! ces marchandes de jeunesse !
Stella vend ses soupirs ardents,
Luz vend son rire de faunesse
Cassant des noix avec ses dents.

Rose est pensive ; Alba la brune
Est l'asphodèle de Sion ;
Glycéris semble au clair de lune
La blancheur dans la vision ;

Regardez, c'est Paula, c'est Laure,
C'est Phœbé ; dix-huit ans, vingt ans ;
Voyez ; les jeunes sont l'aurore
Et les vieilles sont le printemps.

Leur sein attend, frais comme un songe,
Effleuré par leurs cheveux blonds,
Que Samuel Bernard y plonge
Son poing brutal plein de doublons.

Au-dessus du juif qui prospère,
Par le plafond ouvert, descend
Le petit Cupidon, grand-père
De tous les baisers d'à présent.

VIII

La nuit, la femme tend sa toile.
Tous ses chiffres sont en arrêt,
Non pour dépister une étoile,
Mais pour découvrir Turcaret.

C'est la sombre calculatrice;
Elle a la ruse du dragon;
Elle est fée; et c'est en Jocrisse
Qu'elle transfigure Harpagon.

Elle compose ses trophées
De vins bus, de brelans carrés,
Et de bouteilles décoiffées,
Et de financiers dédorés.

Et puis, tout change et tourne en elle;
L'aile de Cupidon connaît
Ses sens, son cœur, sa tête, et l'aile
Des moulins connaît son bonnet.

Sa vie est un bruyant poème;
On songe, on rit, point de souci,
Et les verres sont de bohême,
Et les buveurs en sont aussi.

Ce monstre adorable et terrible
Ne dit pas Toujours, mais Encor!

Et, rempli de nos cœurs, son criblé
Ne laisse passer que notre or.

Hélas! pourquoi ces laideurs basses
S'imprimant toutes à la fois,
Dieu profond! sur ces jeunes grâces
Faites pour chanter dans les bois!

IX

Buvez! riez! — moi je m'obstine
Aux songes de l'amour ancien;
Je sens en moi l'âme enfantine
D'Homère, vieux musicien.

Je vis aux champs; j'aime et je rêve;
Je suis bucolique et berger;
Je dédie aux dents blanches d'Ève
Tous les pommiers de mon verger.

Je m'appelle Amyntas, Mnasyle,
Qui vous voudrez; je dis : Croyons,
Pensons, aimons! et je m'exile
Dans les parfums et les rayons.

A peine en l'idylle décente
Entend-on le bruit d'un baiser.

La prairie est une innocente
Qu'il ne faut point scandaliser.

Tout en soupirant comme Horace,
Je vois ramper dans le champ noir,
Avec des reflets de cuirasse,
Les grands socs qu'on traîne le soir.

J'habite avec l'arbre et la plante ;
Je ne suis jamais fatigué
De regarder la marche lente
Des vaches qui passent le gué.

J'entends, debout sur quelque cime,
Le chant qu'un nid sous un buisson
Mêle au blêmissement sublime
D'un lever d'astre à l'horizon.

Je suis l'auditeur solitaire ;
Et j'écoute en moi, hors de moi,
Le Je ne sais qui du mystère
Murmurant le Je ne sais quoi.

J'aime l'aube ardente et rougie,
Le midi, les cieux éblouis,
La flamme, et j'ai la nostalgie
Du soleil, mon ancien pays.

Le matin, toute la nature
Vocalise, fredonne, rit,

Je songe. L'aurore est si pure,
Et les oiseaux ont tant d'esprit !

Tout chante, geai, pinson, linotte,
Bouvreuil, alouette au zénith,
Et la source ajoute sa note,
Et le vent parle, et Dieu bénit.

J'aime toute cette musique,
Ces refrains, jamais importuns,
Et le bon vieux plain-chant classique
Des chênes aux capuchons bruns.

Je vous mets au défi de faire
Une plus charmante chanson
Que l'eau vive où Jeanne et Néère
Trempent leurs pieds dans le cresson.

III

POUR JEANNE SEULE

I

Je ne me mets pas en peine
Du clocher ni du beffroi ;
Je ne sais rien de la reine,
Et je ne sais rien du roi ;

J'ignore, je le confesse,
Si le seigneur est hautain,
Si le curé dit la messe
En grec ou bien en latin ;

S'il faut qu'on pleure ou qu'on danse,
Si les nids jasent entr'eux ;

Mais sais-tu ce que je pense?
C'est que je suis amoureux.

Sais-tu, Jeanne, à quoi je rêve?
C'est au mouvement d'oiseau
De ton pied blanc qui se lève
Quand tu passes le ruisseau.

Et sais-tu ce qui me gêne?
C'est qu'à travers l'horizon,
Jeanne, une invisible chaîne
Me tire vers ta maison.

Et sais-tu ce qui m'ennuie?
C'est l'air charmant et vainqueur,
Jeanne, dont tu fais la pluie
Et le beau temps dans mon cœur.

Et sais-tu ce qui m'occupe,
Jeanne? c'est que j'aime mieux
La moindre fleur de ta jupe
Que tous les astres des cieux.

II

Jeanne chante; elle se penche
Et s'envole; elle me plaît;
Et, comme de branche en branche,
Va de couplet en couplet.

De quoi donc me parlait-elle?
Avec sa fleur au corset,
Et l'aube dans sa prunelle,
Qu'est-ce donc qu'elle disait?

Parlait-elle de la gloire,
Des camps, du ciel, du drapeau,
Ou de ce qu'il faut de moire
Au bavolet d'un chapeau?

Son intention fut-elle
De troubler l'esprit voilé

Que Dieu dans ma chair mortelle
Et frémissante a mêlé?

Je ne sais. J'écoute encore.
Était-ce psaume ou chanson?
Les fauvettes de l'aurore
Donnent le même frisson.

J'étais comme en une fête;
J'essayais un vague essor;
J'eusse voulu sur ma tête
Mettre une couronne d'or,

Et voir sa beauté sans voiles,
Et joindre à mes jours ses jours,
Et prendre au ciel les étoiles,
Et qu'on vînt à mon secours!

J'étais ivre d'une femme;
Mal charmant qui fait mourir.
Hélas! je me sentais l'âme
Touchée et prête à s'ouvrir;

Car pour qu'un cerveau se fêle
Et s'échappe en songes vains,
Il suffit du bout de l'aile
D'un de ces oiseaux divins.

III

DUEL EN JUIN

A UN AMI

Jeanne a laissé de son jarret
Tomber un joli ruban rose
Qu'en vers on diviniserait,
Qu'on baise simplement en prose.

Comme femme elle met des bas,
Comme ange elle a droit à des ailes;
Résultat : demain je me bats.
Les jours sont longs, les nuits sont belles,

On fait les foins, et ce barbon,
L'usage, roi de l'équipée,
Veut qu'on prenne un pré qui sent bon
Pour se donner des coups d'épée.

Pendant qu'aux lueurs du matin.
La lame à la lame est croisée,

Dans l'herbe humide et dans le thym,
Les grives boivent la rosée.

Tu sais ce marquis insolent?
Il ordonne, il rit. Jamais ivre
Et toujours gris; c'est son talent.
Il faut ou le fuir, ou le suivre.

Qui le fuit a l'air d'un poltron,
Qui le suit est un imbécile.
Il est jeune, gai, fanfaron,
Leste, vif, pétulant, fossile.

Il hait Voltaire; il se croit né
Pas tout à fait comme les autres;
Il sert la messe, il sert Phryné;
Il mêle Gnide aux patenôtres.

Le ruban perdu, ce muguet
L'a trouvé; quelle bonne fête!
Il s'en est vanté chez Saguet;
Moi, je passais par là, tout bête;

J'analysais, précisément
Dans cet instant-là, les bastilles,
Les trônes, Dieu, le firmament,
Et les rubans des jeunes filles;

Et j'entendis un quolibet;
Comme il s'en donnait, le coq d'Inde!

Car on insulte dans Babet
Ce qu'on adore dans Florinde.

Le marquis agitait en l'air
Un fil, un chiffon, quelque chose
Qui parfois semblait un éclair
Et parfois semblait une rose.

Tout de suite je reconnus
Ce diminutif adorable
De la ceinture de Vénus.
J'aime, donc je suis misérable;

Mon pouls dans mes tempes battait;
Et le marquis riait de Jeanne !
Le soir la campagne se tait,
Le vent dort, le nuage flâne;

Mais le poëte a le frisson,
Il se sent extraordinaire,
Il va, couvant une chanson
Dans laquelle roule un tonnerre.

Je me dis : — Cyrus dégaîna
Pour reprendre une bandelette
De la reine Abaïdorna
Que ronge aujourd'hui la belette.

Serai-je moins brave et moins beau
Que Cyrus, roi d'Ur et de Sarde?

Cette reine dans son tombeau
Vaut-elle Jeanne en sa mansarde? —

Faire le siége d'un ruban!
Quelle œuvre! il faut un art farouche;
Et ce n'est pas trop d'un Vauban
Complété par un Scaramouche.

Le marquis barrait le chemin.
Prompt comme Joubert sur l'Adige,
J'arrachai l'objet de sa main.
— Monsieur! cria-t-il. — Soit, lui dis-je.

Il se dressa tout en courroux,
Et moi, je pris ma mine altière.
— Je suis marquis, dit-il, et vous?
— Chevalier de la Jarretière.

— Soyez deux. — J'aurai mon témoin.
— Je vous tue, et je vous tiens quitte.
— Où ça? — Là, dans ces tas de foin.
— Vous en déjeunerez ensuite.

C'est pourquoi demain, réveillés,
Les faunes, au bruit des rapières,
Derrière les buissons mouillés,
Ouvriront leurs vagues paupières.

IV

La nature est pleine d'amour,
Jeanne, autour de nos humbles joies ;
Et les fleurs semblent tour à tour
Se dresser pour que tu les voies.

Vive Angélique ! à bas Orgon !
L'hiver, qu'insultent nos huées,
Recule, et son profil bougon
Va s'effaçant dans les nuées.

La sérénité de nos cœurs,
Où chantent les bonheurs sans nombre
Complète, en ces doux mois vainqueurs,
L'évanouissement de l'ombre.

Juin couvre de fleurs les sommets,
Et dit partout les mêmes choses ;

Mais est-ce qu'on se plaint jamais
De la prolixité des roses ?

L'hirondelle, sur ton front pur,
Vient si près de tes yeux fidèles
Qu'on pourrait compter dans l'azur
Toutes les plumes de ses ailes.

Ta grâce est un rayon charmant;
Ta jeunesse, enfantine encore,
Éclaire le bleu firmament;
Et renvoie au ciel de l'aurore.

De sa ressemblance avec toi
Le lys pur sourit dans sa gloire;
Ton âme est une urne de foi
Où la colombe voudrait boire.

V

Ami, j'ai quitté vos fêtes.
Mon esprit, à demi-voix,
Hors de tout ce que vous faites,
Est appelé par les bois.

J'irai, loin des murs de marbre,
Tant que je pourrai marcher,
Fraterniser avec l'arbre,
La fauvette et le rocher.

Je fuirai loin de la ville
Tant que Dieu clément et doux
Voudra me mettre un peu d'huile
Entre les os des genoux.

Ne va pas croire du reste
Que, bucolique et hautain,

J'exige, pour être agreste,
Le vieux champ grec ou latin ;

Ne crois pas que ma pensée,
Vierge au soupir étouffé,
Ne sachant où prendre Alcée,
Se rabatte sur d'Urfé ;

Ne crois pas que je demande
L'Hémus où Virgile erra.
Dans de la terre normande
Mon églogue poussera.

Pour mon vers, que l'air secoue,
Les pommiers sont suffisants ;
Et mes bergers, je l'avoue,
Ami, sont des paysans.

Mon idylle est ainsi faite ;
Franche, elle n'a pas besoin
D'avoir dans son miel l'Hymète,
Et l'Arcadie en son foin.

Elle chante, et se contente,
Sur l'herbe où je viens m'asseoir,
De l'haleine haletante
Du bœuf qui rentre le soir.

Elle n'est point misérable
Et ne pense pas déchoir

Parce qu'Alain, sous l'érable,
Ote à Toinon son mouchoir.

Elle honore Théocrite ;
Mais ne se fâche pas trop
Que la fleur soit Marguerite
Et que l'oiseau soit Pierrot.

J'aime les murs pleins de fentes
D'où sortent les liserons,
Et les mouches triomphantes
Qui soufflent dans leurs clairons.

J'aime l'église et ses tombes,
L'invalide et son bâton ;
J'aime, autant que les colombes
Qui jadis venaient, dit-on,

Conter leurs métempsychoses
A Terpandre dans Lesbos,
Les petites filles roses
Sortant du prêche en sabots.

J'aime autant Sedaine et Jeanne
Qu'Orphée et Pratérynnis.
Le blé pousse, l'oiseau plane,
Et les cieux sont infinis.

VI

A JEANNE

Ces lieux sont purs; tu les complètes.
Ce bois, loin des sentiers battus,
Semble avoir fait des violettes,
Jeanne, avec toutes tes vertus.

L'aurore ressemble à ton âge;
Jeanne, il existe sous les cieux
On ne sait quel doux voisinage
Des bons cœurs avec les beaux lieux.

Tout ce vallon est une fête
Qui t'offre son humble bonheur;
C'est un nimbe autour de ta tête;
C'est un éden en ton honneur.

Tout ce qui t'approche désire
Se faire regarder par toi,

Sachant que ta chanson, ton rire,
Et ton front, sont de bonne foi.

O Jeanne, ta douceur est telle
Qu'en errant dans ces bois bénis,
Elle fait dresser devant elle
Les petites têtes des nids.

VII

LES ÉTOILES FILANTES

I

A qui donc le grand ciel sombre
Jette-t-il ses astres d'or?
Pluie éclatante de l'ombre,
Ils tombent... — Encor! encor!

Encor! — lueurs éloignées
Feux purs, pâles orients,
Ils scintillent... — ô poignées
De diamants effrayants!

C'est de la splendeur qui rôde.
Ce sont des points univers.

La foudre dans l'émeraude !
Des bleuets dans des éclairs !

Réalités et chimères
Traversant nos soirs d'été !
Escarboucles éphémères
De l'obscure éternité !

De quelle main sortent-elles ?
Cieux, à qui donc jette-t-on
Ces tourbillons d'étincelles ?
Est-ce à l'âme de Platon ?

Est-ce à l'esprit de Virgile ?
Est-ce aux monts ? est-ce au flot vert ?
Est-ce à l'immense évangile
Que Jésus-Christ tient ouvert ?

Est-ce à la tiare énorme
De quelque Moïse enfant
Dont l'âme a déjà la forme
Du firmament triomphant ?

Ces feux vont-ils aux prières ?
A qui l'Inconnu profond
Ajoute-t-il ces lumières,
Vagues flammes de son front ?

Est-ce, dans l'azur superbe,
Aux religions que Dieu,

Pour accentuer son verbe,
Jette ces langues de feu ?

Est-ce au-dessus de la Bible
Que flamboie, éclate et luit
L'éparpillement terrible
Du sombre écrin de la nuit?

Nos questions en vain pressent
Le ciel, fatal ou béni.
Qui peut dire à qui s'adressent
Ces envois de l'infini ?

Qu'est-ce que c'est que ces chutes
D'éclairs au ciel arrachés?
Mystère! sont-ce des luttes ?
Sont-ce des hymens ? Cherchez.

Sont-ce les anges du soufre?
Voyons-nous quelque essaim bleu
D'argyraspides du gouffre
Fuir sur des chevaux de feu ?

Est-ce le Dieu des désastres,
Le Sabaoth irrité,
Qui lapide avec des astres
Quelque soleil révolté?

II

Mais qu'importe! l'herbe est verte,
Et c'est l'été! ne pensons,
Jeanne, qu'à l'ombre entr'ouverte,
Qu'aux parfums et qu'aux chansons.

La grande saison joyeuse
Nous offre les prés, les eaux,
Les cressons mouillés, l'yeuse,
Et l'exemple des oiseaux.

L'été, vainqueur des tempêtes,
Doreur des cieux essuyés,
Met des rayons sur nos têtes
Et des fraises sous nos pieds.

Été sacré! l'air soupire.
Dieu, qui veut tout apaiser,
Fait le jour pour le sourire
Et la nuit pour le baiser.

L'étang frémit sous les aulnes;
La plaine est un gouffre d'or
Où court, dans les grands blés jaunes,
Le frisson de messidor.

C'est l'instant qu'il faut qu'on aime,
Et qu'on le dise aux forêts,

Et qu'on ait pour but suprême
La mousse des antres frais!

A quoi bon songer aux choses
Qui se passent dans les cieux?
Viens, donnons notre âme aux roses;
C'est ce qui l'emplit le mieux.

Viens, laissons là tous ces rêves,
Puisque nous sommes aux mois
Où les charmilles, les grèves,
Et les cœurs, sont pleins de voix!

L'amant entraîne l'amante,
Enhardi dans son dessein
Par la trahison charmante
Du fichu montrant le sein.

Ton pied sous ta robe passe,
Jeanne, et j'aime mieux le voir,
Que d'écouter dans l'espace
Les sombres strophes du soir.

Il ne faut pas craindre, ô belle,
De montrer aux prés fleuris
Qu'on est jeune, peu rebelle,
Blanche, et qu'on vient de Paris!

La campagne est caressante
Au frais amour ébloui;

L'arbre est gai pourvu qu'il sente
Que Jeanne va dire oui.

Aimons-nous ! et que les sphères
Fassent ce qu'elles voudront !
Il est nuit ; dans les clairières
Les chansons dansent en rond ;

L'ode court dans les rosées ;
Tout chante ; et dans les torrents
Les idylles déchaussées
Baignent leurs pieds transparents ;

La bacchanale de l'ombre
Se célèbre vaguement
Sous les feuillages sans nombre
Pénétrés de firmament ;

Les lutins, les hirondelles,
Entrevus, évanouis,
Font un ravissant bruit d'ailes
Dans la bleue horreur des nuits ;

La fauvette et la sirène
Chantent des chants alternés
Dans l'immense ombre sereine
Qui dit aux âmes : Venez !

Car les solitudes aiment
Ces caresses, ces frissons,

Et, le soir, les rameaux sèment
Les sylphes sur les gazons ;

L'elfe tombe des lianes
Avec des fleurs plein les mains ;
On voit de pâles dianes
Dans la lueur des chemins ;

L'ondin baise les nymphées ;
Le hallier rit quand il sent
Les courbures que les fées
Font aux brins d'herbe en passant.

Viens ; les rossignols t'écoutent ;
Et l'éden n'est pas détruit
Par deux amants qui s'ajoutent
A ces noces de la nuit.

Viens, qu'en son nid qui verdoie,
Le moineau bohémien
Soit jaloux de voir ma joie,
Et ton cœur si près du mien !

Charmons l'arbre et sa ramure
Du tendre accompagnement
Que nous faisons au murmure
Des feuilles, en nous aimant.

A la face des mystères,
Crions que nous nous aimons !

Les grands chênes solitaires
Y consentent sur les monts.

O Jeanne, c'est pour ces fêtes,
Pour ces gaîtés, pour ces chants,
Pour ces amours, que sont faites
Toutes les grâces des champs !

Ne tremble pas, quoiqu'un songe
Emplisse mes yeux ardents.
Ne crains d'eux aucun mensonge
Puisque mon âme est dedans.

Reste chaste sans panique.
Sois charmante avec grandeur.
L'épaisseur de la tunique,
Jeanne, rend l'amour boudeur.

Pas de terreur, pas de transe ;
Le ciel diaphane absout
Du péché de transparence
La gaze du canezout.

La nature est attendrie ;
Il faut vivre ! Il faut errer
Dans la douce effronterie
De rire et de s'adorer.

Viens, aime, oublions le monde,
Mêlons l'âme à l'âme, et vois

Monter la lune profonde
Entre les branches des bois !

III

Les deux amants, sous la nue,
Songent, charmants et vermeils... —
L'immensité continue
Ses semailles de soleils.

A travers le ciel sonore,
Tandis que, du haut des nuits,
Pleuvent, poussière d'aurore,
Les astres épanouis,

Tas de feux tombants qui perce
Le zénith vaste et bruni,
Braise énorme que disperse
L'encensoir de l'infini ;

En bas, parmi la rosée,
Étalant l'arum, l'œillet,
La pervenche, la pensée,
Le lys, lueur de juillet,

De brume à demi noyée,
Au centre de la forêt,

La prairie est déployée,
Et frissonne, et l'on dirait

Que la terre, sous les voiles
Des grands bois mouillés de pleurs,
Pour recevoir les étoiles
Tend son tablier de fleurs.

IV

POUR D'AUTRES

I

Mon vers, s'il faut te le redire,
On veut te griser dans les bois.
Les faunes ont caché ta lyre
Et mis à sa place un hautbois.

Va donc. La fête est commencée ;
L'oiseau mange en herbe le blé ;
L'abeille est ivre de rosée ;
Mai rit, dans les fleurs attablé.

Emmène tes deux camarades,
L'esprit gaulois, l'esprit latin ;

Ne crois pas que tu te dégrades
Dans la lavande et dans le thym.

Sans être effronté, sois agile ;
Entre gaîment dans le vallon ;
Presse un peu le pas de Virgile,
Retiens par la manche Villon.

Tu devras boire à coupe pleine,
Et de ce soin Pan a chargé
La Jeanneton de La Fontaine
Qu'Horace appelait Lalagé.

On t'attend. La fleur est penchée
Dans les antres diluviens ;
Et Silène, à chaque bouchée,
S'interrompt pour voir si tu viens.

II

JOUR DE FÊTE

AUX ENVIRONS DE PARIS

Midi chauffe et sèche la mousse;
Les champs sont pleins de tambourins;
On voit dans une lueur douce
Des groupes vagues et sereins.

Là-bas, à l'horizon, poudroie
Le vieux donjon de saint Louis;
Le soleil dans toute sa joie
Accable les champs éblouis.

L'air brûlant fait, sous ses haleines
Sans murmures et sans échos,

Luire en la fournaise des plaines
La braise des coquelicots.

Les brebis paissent inégales;
Le jour est splendide et dormant;
Presque pas d'ombre; les cigales
Chantent sous le bleu flamboiement.

Voilà les avoines rentrées.
Trêve au travail. Amis, du vin!
Des larges tonnes éventrées
Sort l'éclat de rire divin.

Le buveur chancelle à la table
Qui boite fraternellement.
L'ivrogne se sent véritable;
Il oublie, ô clair firmament,

Tout, la ligne droite, la gêne,
La loi, le gendarme, l'effroi,
L'ordre; et l'échalas de Surène
Raille le poteau de l'octroi.

L'âne broute, vieux philosophe;
L'oreille est longue; l'âne en rit,
Peu troublé d'un excès d'étoffe,
Et content si le pré fleurit.

Les enfants courent par volée.
Clichy montre, honneur aux anciens!

Sa grande muraille étoilée
Par la mitraille des Prussiens.

La charrette roule et cahote;
Paris élève au loin sa voix,
Noir chiffonnier qui dans sa hotte
Porte le sombre tas des rois.

On voit au loin les cheminées
Et les dômes d'azur voilés;
Des filles passent, couronnées
De joie et de fleurs, dans les blés

III

La bataille commença.
Comment? Par un doux sourire.
Elle me dit : — Comme ça,
Vous ne voulez pas m'écrire?

— Un billet doux? — Non, des vers.
— Je n'en fais point, répondis-je. —
Ainsi parfois de travers
Le dialogue voltige.

Après le sourire vint
Un regard, oh! qu'elle est fière!
Moi, candidat quinze-vingt,
Je me dis : Elle est rosière.

Et je me mis à songer
A cent vertus, rehaussées

Par mes mauvaises pensées
D'adolescent en danger.

Je me taisais, cela passe
Pour puissance et profondeur.
Son sourire était la grâce,
Et son regard la pudeur.

Ce regard et ce sourire
M'entraient dans l'âme. Soudain,
Elle chanta. Comment dire
Ce murmure de l'Éden,

Cette voix grave, touchante,
Tendre, aux soupirs nuancés!...
— Quoi! m'écriai-je, méchante,
Vous achevez les blessés!

IV

LISBETH

Le jour, d'un bonhomme sage
J'ai l'auguste escarpement;
Je me conforme à l'usage
D'être abruti doctement,

Je me scrute et me dissèque,
Je me compare au poncif
De l'homme que fit Sénèque
Sur sa table d'or massif.

Je chasse la joie agile.
Je profite du matin
Pour regarder dans Virgile
Un paysage en latin.

Je lis Lactance, Ildefonse,
Saint Ambroise, comme il sied

Et Juste Lipse, où j'enfonce
Souvent, jusqu'à perdre pied.

Je me dis : Vis dans les sages.
Toujours l'honnête homme ouvrit
La fenêtre des vieux âges
Pour aérer son esprit.

Et je m'en vais sur la cime
Dont Platon sait le chemin.
Je me dis : Soyons sublime !
Mais je redeviens humain,

Et mon âme est confondue,
Et mon orgueil est dissous,
Par une alcôve tendue
D'un papier de quatre sous,

Et l'amour, ce doux maroufle,
Est le maître en ma maison,
Tous les soirs, quand Lisbeth souffle
Sa chandelle et ma raison.

V

CHELLES

J'aime Chelle et ses cressonnières,
Et le doux tic-tac des moulins
Et des cœurs, autour des meunières ;
Quant aux blancs meuniers, je les plains.

Les meunières aussi sont blanches ;
C'est pourquoi je vais là souvent
Mêler ma rêverie aux branches
Des aulnes qui tremblent au vent.

J'ai l'air d'un pèlerin ; les filles
Me parlent, gardant leur troupeau ;
Je ris, j'ai parfois des coquilles
Avec des fleurs, sur mon chapeau.

Quand j'arrive avec mon caniche,
Chelles, bourg dévot et coquet,

Croit voir passer, fuyant leur niche,
Saint Roch, et son chien saint Roquet.

Ces effets de ma silhouette
M'occupent peu ; je vais marchant,
Tâchant de prendre à l'alouette
Une ou deux strophes de son chant.

J'admire les papillons frêles
Dans les ronces du vieux castel ;
Je ne touche point à leurs ailes.
Un papillon est un pastel.

Je suis un fou qui semble un sage.
J'emplis, assis dans le printemps,
Du grand trouble du paysage
Mes yeux vaguement éclatants.

O belle meunière de Chelles,
Le songeur te guette effaré
Quand tu montes à tes échelles,
Sûre de ton bas bien tiré.

VI

DIZAIN DE FEMMES

Une de plus que les muses;
Elles sont dix. On croirait,
Quand leurs jeunes voix confuses
Bruissent dans la forêt,

Entendre, sous les caresses
Des grands vieux chênes boudeurs,
Un brouhaha de déesses
Passant dans les profondeurs.

Elles sont dix châtelaines
De tout le pays voisin..
La ruche vers leurs haleines
Envoie en chantant l'essaim.

Elles sont dix belles folles,
Démons dont je suis cagot;

Obtenant des auréoles
Et méritant le fagot.

Que de cœurs cela dérobe,
Même à nous autres manants !
Chacune étale à sa robe
Quatre volants frissonnants,

Et court par les bois, sylphide
Toute parée, en dépit
De la griffe qui, perfide,
Dans les ronces se tapit.

Oh ! ces anges de la terre !
Pensifs, nous les décoiffons ;
Nous adorons le mystère
De la robe aux plis profonds.

Jadis Vénus sur la grève
N'avait pas l'attrait taquin
Du jupon qui se soulève
Pour montrer le brodequin.

Les antiques Arthémises
Avaient des fronts élégants,
Mais n'étaient pas si bien mises
Et ne portaient point de gants.

La gaze ressemble au rêve ;
Le satin, au pli glacé,

Brille, et la toilette achève
Ce que l'œil a commencé.

La marquise en sa calèche
Plaît, même au butor narquois;
Car la grâce est une flèche
Dont la mode est le carquois.

L'homme, sot par étiquette,
Se tient droit sur son ergot;
Mais Dieu créa la coquette
Dès qu'il eut fait le nigaud.

Oh! toutes ces jeunes femmes,
Ces yeux où flambe midi,
Ces fleurs, ces chiffons, ces âmes,
Quelle forêt de Bondy!

Non, rien ne nous dévalise
Comme un minois habillé,
Et comme une Cydalise
Où Chapron a travaillé!

Les jupes sont meurtrières.
La femme est un canevas
Que, dans l'ombre, aux couturières
Proposent les Jehovahs.

Cette aiguille qui l'arrange
D'une certaine façon

Lui donne la force étrange
D'un rayon dans un frisson.

Un ruban est une embûche,
Une guimpe est un péril;
Et, dans l'Éden, où trébuche
La nature à son avril,

Satan — que le diable enlève ! —
N'eût pas risqué son pied bot
Si Dieu sur les cheveux d'Ève
Eût mis un chapeau d'Herbaut.

Toutes les dix, sous les voûtes
Des grands arbres, vont chantant;
On est amoureux de toutes;
On est farouche et content.

On les compare, on hésite
Entre ces robes qui font
La lueur d'une visite
Arrivant du ciel profond.

Oh! pour plaire à cette moire,
A ce gros de Tours flambé,
On se rêve plein de gloire,
On voudrait être un abbé.

On sort du hallier champêtre,
La tête basse, à pas lents,
Le cœur pris, dans ce bois traître,
Par les quarante volants.

VII

CHOSES ÉCRITES A CRÉTEIL

Sachez qu'hier, de ma lucarne,
J'ai vu, j'ai couvert de clins d'yeux
Une fille qui dans la Marne
Lavait des torchons radieux.

Près d'un vieux pont, dans les saulées,
Elle lavait, allait, venait ;
L'aube et la brise étaient mêlées
A la grâce de son bonnet.

Je la voyais de loin. Sa mante
L'entourait de plis palpitants.
Aux folles broussailles qu'augmente
L'intempérance du printemps,

Aux buissons que le vent soulève,
Que juin et mai, frais barbouilleurs,

Foulant la cuve de la sève,
Couvrent d'une écume de fleurs,

Aux sureaux pleins de mouches sombres,
Aux genets du bord, tous divers,
Aux joncs échevelant leurs ombres
Dans la lumière des flots verts,

Elle accrochait des loques blanches,
Je ne sais quels haillons charmants
Qui me jetaient, parmi les branches,
De profonds éblouissements.

Ces nippes, dans l'aube dorée,
Semblaient, sous l'aulne et le bouleau,
Les blancs cygnes de Cythérée
Battant de l'aile au bord de l'eau.

Des cupidons, fraîche couvée,
Me montraient son pied fait au tour;
Sa jupe semblait relevée
Par le petit doigt de l'amour.

On voyait, je vous le déclare,
Un peu plus haut que le genou.
Sous un pampre un vieux faune hilare
Murmurait tout bas : Casse-Cou !

Je quittai ma chambre d'auberge,
En souriant comme un bandit;

Et je descendis sur la berge
Qu'une herbe, glissante, verdit.

Je pris un air incendiaire,
Je m'adossai contre un pilier,
Et je lui dis : « O lavandière !
(Blanchisseuse étant familier)

« L'oiseau gazouille, l'agneau bêle,
« Gloire à ce rivage écarté !
« Lavandière, vous êtes belle.
« Votre rire est de la clarté.

« Je suis capable de faiblesses.
« O lavandière, quel beau jour !
« Les fauvettes sont des drôlesses
« Qui chantent des chansons d'amour.

« Voilà six mille ans que les roses
« Conseillent, en se prodiguant,
« L'amour aux cœurs les plus moroses.
« Avril est un vieil intrigant.

« Les rois sont ceux qu'adorent celles
« Qui sont charmantes comme vous ;
« La Marne est pleine d'étincelles ;
« Femme, le ciel immense est doux.

« O laveuse à la taille mince,
« Qui vous aime est dans un palais.

« Si vous vouliez, je serais prince ;
« Je serais dieu, si tu voulais. — »

La blanchisseuse, gaie et tendre,
Sourit, et, dans le hameau noir,
Sa mère au loin cessa d'entendre
Le bruit vertueux du battoir.

Les vieillards grondent et reprochent,
Mais, ô jeunesse ! il faut oser.
Deux sourires qui se rapprochent
Finissent par faire un baiser.

Je m'arrête. L'idylle est douce,
Mais ne veut pas, je vous le dis,
Qu'au delà du baiser on pousse
La peinture du paradis.

VIII

LE LENDEMAIN

Un vase, flanqué d'un masque,
En faïence de Courtrai,
Vieille floraison fantasque
Où j'ai mis un rosier vrai,

Sur ma fenêtre grimace,
Et, quoiqu'il soit assez laid,
Ce matin, du toit d'en face,
Un merle ami lui parlait.

Le merle, oiseau leste et braque,
Bavard jamais enrhumé,
Est pitre dans la baraque
Toute en fleurs du mois de mai.

Il contait au pot aux roses
Un effronté boniment,

Car il faut de grosses choses
Pour faire rire un Flamand.

Sur une patte, et l'air farce,
Et comme on vide un panier,
Il jetait sa verve éparse
De son toit à mon grenier.

Gare au mauvais goût des merles !
J'omets ses propos hardis ;
Son bec semait peu de perles ;
Et moi, rêveur, je me dis :

La minute est opportune ;
Je suis à m'éprendre enclin ;
Puisque j'ai cette fortune
De rencontrer un malin,

Il faut que je le consulte
Sur ma conquête d'hier.
Et je criai : — Merle adulte,
Sais-tu pourquoi je suis fier ?

Il dit, gardant sa posture,
Semblable au diable boiteux :
— C'est pour la même aventure
Dont Gros-Guillaume est honteux.

IX

Fuis l'éden des anges déchus ;
Ami, prends garde aux belles filles ;
Redoute à Paris les fichus,
Redoute à Madrid les mantilles.

Tremble pour tes ailes, oiseau,
Et pour tes fils, marionnette.
Crains un peu l'œil de Calypso,
Et crains beaucoup l'œil de Jeannette.

Quand leur tendresse a commencé,
Notre servitude est prochaine.
Veux-tu savoir leur A B C ?
Ami, c'est Amour, Baiser, Chaîne.

Le soleil dore une prison,
Un rosier parfume une geôle,

Et c'est là, vois-tu, la façon
Dont une fille nous enjôle.

Pris, on a sa pensée au vent
Et dans l'âme une sombre lyre,
Et bien souvent on pleure avant
Qu'on ait eu le temps de sourire.

Viens dans les prés, le gai printemps
Fait frissonner les vastes chênes,
L'herbe rit, les bois sont contents,
Chantons! oh! les claires fontaines!

X

L'enfant avril est le frère
De l'enfant amour ; tous deux
Travaillent en sens contraire
A notre cœur hasardeux.

L'enfant amour nous rend traîtres,
L'enfant avril nous rend fous.
Ce sont les deux petits prêtres
Du supplice immense et doux.

La mousse des prés exhale
Avril, qui chante drinn drinn,
Et met une succursale
De Cythère à Gretna-Green.

Avril, dont la fraîche embûche
A nos vices pour claqueurs,

De ses petits doigts épluche
Nos scrupules dans nos cœurs

Cependant, il est immense;
Cet enfant est un géant;
Il se mêle à la démence
Qu'a l'Éternel en créant.

Lorsqu'il faut que tout rayonne,
Et que tout paie un tribut,
Avril se proportionne
A l'énormité du but.

La rosée est son mystère;
Travail profond! sa lueur
Au front sacré de la terre
Fait perler cette sueur.

XI

POST-SCRIPTUM DES RÊVES

C'était du temps que j'étais jeune;
Je maigrissais; rien ne maigrit
Comme cette espèce de jeûne
Qu'on appelle nourrir l'esprit.

J'étais devenu vieux, timide,
Et jaune comme un parchemin,
A l'ombre de la pyramide
Des bouquins de l'esprit humain.

Tous ces tomes que l'âge rogne
Couvraient ma planche et ma cloison.
J'étais parfois comme un ivrogne
Tant je m'emplissais de raison.

Cent bibles encombraient ma table;
Cent systèmes étaient dedans;

On eût, par le plus véritable,
Pu se faire arracher les dents.

Un jour que je lisais Jamblique,
Callinique, Augustin, Plotin,
Un nain tout noir à mine oblique
Parut et me dit en latin :

— « Ne va pas plus loin. Jette l'ancre.
« Fils, contemple en moi ton ancien.
« Je m'appelle Bouteille-à-l'encre ;
« Je suis métaphysicien.

« Ton front fait du tort à ton ventre.
« Je viens te dire le fin mot
« De tous ces livres où l'on entre
« Jocrisse et d'où l'on sort grimaud.

« Amuse-toi. Sois jeune, et digne
« De l'aurore et des fleurs. Isis
« Ne donnait pas d'autre consigne
« Aux sages que l'ombre a moisis.

« Un verre de vin sans litharge
« Vaut mieux, quand l'homme le boit pur,
« Que tous ces tomes dont la charge
« Ennuie énormément ton mur.

« Une bamboche à la Chaumière,
« D'où l'on éloigne avec soin l'eau,

« Contient cent fois plus de lumière
« Que Longin traduit par Boileau.

« Hermès avec sa bandelette
« Occupe ton cœur grave et noir;
« Bacon est le livre où s'allaite
« Ton esprit, marmot du savoir.

« Si Ninette, la giletière,
« Veut la bandelette d'Hermès
« Pour s'en faire une jarretière,
« Donne-la-lui sans dire mais.

« Si Fanchette ou Landerirette
« Prend dans ton Bacon radieux
« Du papier pour sa cigarette,
« Fils des muses, rends grâce aux dieux.

« Veille, étude, ennui, patience,
« Travail, cela brûle les yeux;
« L'unique but de la science
« C'est d'être immensément joyeux.

« Le vrai savant cherche et combine
« Jusqu'à ce que de son bouquin
« Il jaillisse une Colombine
« Qui l'accepte pour Arlequin.

« Maxime : N'être point morose,
« N'être pas bête, tout goûter,

« Dédier son nez à la rose,
« Sa bouche à la femme, et chanter.

« Les anciens vivaient de la sorte ;
« Mais vous êtes dupes, vous tous,
« De la fausse barbe que porte
« Le profil grec de ces vieux fous.

« Fils, tous ces austères visages
« Sur les plaisirs étaient penchés.
« L'homme ayant inventé sept sages,
« Le Dieu bon créa sept péchés.

« O docteurs, comme vous rampâtes !
« Campaspe est nue en son grenier
« Sur Aristote à quatre pattes ;
« L'esprit a l'amour pour ânier.

« Grâce à l'amour, Socrate est chauve.
« L'amour d'Homère est le bâton.
« Phryné rentrait dans son alcôve
« En donnant le bras à Platon.

« Salomon, repu de mollesses,
« Étudiant les tourtereaux,
« Avait juste autant de drôlesses
« Que Léonidas de héros.

« Sénèque, aujourd'hui sur un socle,
« Prenait Chloé sous le menton.

« Fils, la sagesse est un binocle
« Braqué sur Minerve et Goton.

« Les nymphes n'étaient pas des ourses,
« Horace n'était pas un loup;
« Lise aujourd'hui se baigne aux sources,
« Et Tibur s'appelle Saint-Cloud.

« Les arguments dont je te crible
« Te sauveront, toi-même aidant,
« De la stupidité terrible,
« Robe de pierre du pédant.

« Guette autour de toi si quelque être
« Ne sourit pas innocemment;
« Un chant dénonce une fenêtre,
« Un pot de fleurs cherche un amant.

« La grisette n'est point difforme.
« On donne aux noirs soucis congé
« Pour peu que le soir on s'endorme
« Sur un oreiller partagé.

« Aime. C'est ma dernière botte.
« Et je mêle à mes bons avis
« Cette fillette qui jabote
« Dans la mansarde vis-à-vis. »

Or je n'écoutai point ce drôle,
Et je le chassai. Seulement,

Aujourd'hui que sur mon épaule
Mon front penche, pâle et clément,

Aujourd'hui que mon œil plus blême
Voit la griffe du sphinx à nu,
Et constate au fond du problème
Plus d'infini, plus d'inconnu,

Aujourd'hui que, hors des ivresses,
Près des mers qui vont m'abîmer,
Je regarde sur les sagesses
Les religions écumer,

Aujourd'hui que mon esprit sombre
Voit sur les dogmes, flot changeant,
L'épaisseur croissante de l'ombre,
O ciel bleu, je suis indulgent

Quand j'entends, dans le vague espace
Où toujours ma pensée erra,
Une belle fille qui passe
En chantant traderidera.

V

SILHOUETTES DU TEMPS JADIS

I

LE CHÊNE DU PARC DÉTRUIT

I

— Ne me plains pas, me dit l'arbre,
Autrefois, autour de moi,
C'est vrai, tout était de marbre,
Le palais comme le roi.

Je voyais la splendeur fière
Des frontons pleins de Césars,
Et de grands chevaux de pierre
Qui se cabraient sous des chars.

J'apercevais des Hercules,
Des Hébés et des Psychés,

Dans les vagues crépuscules
Que font les rameaux penchés.

Je voyais jouer la reine ;
J'entendais les hallalis ;
Comme grand seigneur et chêne,
J'étais de tous les Marlys.

Je voyais l'alcôve auguste
Où le dauphin s'accomplit,
Leurs majestés jusqu'au buste,
Lauzun caché sous le lit.

J'ai vu les nobles broussailles ;
J'étais du royal jardin ;
J'ai vu Lachaise à Versailles
Comme Satan dans Éden.

Une grille verrouillée,
Duègne de fer, me gardait ;
Car la campagne est souillée
Par le bœuf et le baudet,

L'agriculture est abjecte,
L'herbe est vile, et vous saurez
Qu'un arbre qui se respecte
Tient à distance les prés.

Ainsi parlait sous mes voûtes
Le bon goût, sobre et direct.

J'étais loin des grandes routes
Où va le peuple, incorrect.

Le goût fermait ma clôture;
Car c'est pour lui l'A B C
Que, dans l'art et la nature,
Tout soit derrière un fossé.

II

J'ai vu les cœurs peu rebelles,
Les grands guerriers tourtereaux,
Ce qu'on appelait les belles,
Ce qu'on nommait les héros.

Ces passants et ces passantes
Éveillaient mon grondement.
Mes branches sont plus cassantes
Qu'on ne croit communément.

Ces belles, qu'on loue en masse,
Erraient dans les verts préaux
Sous la railleuse grimace
De Tallemant des Réaux,

Le héros, grand sous le prisme,
Était prudent et boudeur,
Et mettait son héroïsme
A la chaîne en sa grandeur.

Dans la guerre meurtrière,
Le prince avait le talent
D'être tiré par derrière
Par quelque Boileau tremblant.

La raison d'état est grave;
Il s'y faisait, par moment,
De crainte d'être trop brave,
Attacher solidement.

III

J'ai vu comment, d'une patte,
En ce siècle sans pareil,
On épouse un cul-de-jatte,
Et de l'autre, le soleil.

J'ai vu comment grince et rôde,
Loin des pages polissons,
L'auteur valet qui maraude
Des rimes dans les buissons.

Ces poètes à rhingraves
Étaient hautains et hideux;
C'étaient des Triboulets graves;
Ils chantaient; et chacun d'eux

Pourvu d'un honnête lucre,
De sa splendeur émaillait

Le Parnasse en pain de sucre
Fait par Titon du Tillet.

Ces êtres, tordant la bouche,
Jetant leurs voix en éclats,
Prenaient un air très-farouche
Pour faire des vers très-plats.

Dans Marly qui les tolère,
Ils marchaient hagards, nerveux,
Les poings crispés, l'œil colère,
Leur phrase dans leurs cheveux.

A Lavallière boiteuse
Ils donnaient Chypre et Paphos;
Et leur phrase était menteuse,
Et leurs cheveux étaient faux.

IV

Toujours, même en un désastre,
Les yeux étaient éblouis.
Le grand Louis, c'était l'astre;
Dieu, c'était le grand Louis.

Bossuet était fort pleutre,
Racine inclinait son vers;
Corneille seul, sous son feutre,
Regardait Dieu de travers.

Votre race est ainsi faite ;
Et le monde est à son gré
Pourvu qu'elle ait sur sa tête
Un olympe en bois doré.

La Fontaine offrait ses fables ;
Et, soudain, autour de lui,
Les courtisans, presque affables,
Les ducs au sinistre ennui,

Les Bâvilles, les Fréneuses,
Les Tavannes teints de sang,
Les altesses vénéneuses,
L'affreux chancelier glissant,

Les Louvois nés pour proscrire,
Les vils Chamillards rampants,
Gais, tournaient leur noir sourire
Vers ce charmeur de serpents.

V

Dans le parc froid et superbe,
Rien de vivant ne venait :
On comptait les brins d'une herbe
Comme les mots d'un sonnet.

Plus de danse, plus de ronce ;
Comme tout diminuait !

Le Nôtre fit le quinconce
Et Lulli le menuet.

Les ifs, que l'équerre hébète,
Semblaient porter des rabats ;
La fleur faisait la courbette,
L'arbre mettait chapeau bas.

Pour saluer dans les plaines
Le Phébus sacré dans Reims,
On donnait aux pauvres chênes
Des formes d'alexandrins.

La forêt, tout écourtée,
Avait l'air d'un bois piteux
Qui pousse sous la dictée
De monsieur l'abbé Batteux.

VI

Les rois criaient : Qu'on fracasse,
Et qu'on pille ! Et l'on pillait.
A leurs pieds la Dédicace,
Muse en carte, souriait.

Cette muse préalable,
Habile à brûler l'encens
Même le moins vraisemblable,
Tirait la manche aux passants,

Et, gardant le seuil d'ivoire
Du dieu du sacré vallon,
Vendait pour deux sous de gloire
A la porte d'Apollon.

On traquait les calvinistes.
Moi, parmi tous ces fléaux,
J'avais dans mes branches tristes
Le peigne de Despréaux.

J'ai vu ce siècle notoire
Où la Maintenon sourit,
Si blanche qu'on la peut croire
Femelle du Saint-Esprit.

Quelle féroce colombe !
J'ai vu frémir d'Aubigné
Quand sur son nom, dans sa tombe,
L'édit de Nante a saigné.

Tout s'offrait au roi : les armes,
Les amours, les cœurs, les corps ;
La femme vendait ses charmes,
Le magistrat ses remords.

La cour, peinte par Brantôme,
Reparaît pour Saint-Simon.
Derrière le roi fantôme
Rit le confesseur démon.

VII.

Tout ce temps-là m'importune.
Des fadeurs, ou des venins.
La grandeur de leur fortune
Rapetisse encor ces nains.

On a le faux sur la nuque;
Il règne bon gré mal gré;
Après un siècle en perruque
Arrive un siècle poudré.

La poudre à flots tourbillonne
Sur le bon peuple sans pain.
Voici qu'à Scapiglione
Succède Perlinpinpin.

L'art se poudre; c'est la mode.
Voltaire, au fond peu loyal,
Offre à Louis quinze une ode
Coiffée à l'oiseau royal.

La monarchie est bouffonne;
La pensée a des bâillons;
Au-dessus de tout, plafonne
Un règne en trois cotillons.

Un beau jour s'ouvre une trappe;
Tout meurt; le sol a cédé.

Comme un voleur qui s'échappe,
Ce monde s'est évadé.

Ces rois, ce bruit, cette fête,
Tout cela s'est effacé
Pendant qu'autour de ma tête
Quelques mouches ont passé.

VIII

Moi je suis content; je rentre
Dans l'ombre du Dieu jaloux;
Je n'ai plus la cour, j'ai l'antre :
J'avais des rois, j'ai des loups.

Je redeviens le vrai chêne.
Je croîs sous les chauds midis;
Quatre-vingt-neuf se déchaîne
Dans mes rameaux enhardis.

Trianon vieux sent le rance.
Je renais au grand concert;
Et j'appelle délivrance
Ce que vous nommez désert.

La reine eut l'épaule haute,
Le grand dauphin fut pied-bot;

J'aime mieux Gros-Jean qui saute
Librement dans son sabot.

Je préfère aux Léonores
Qu'introduisaient les Dangeaux,
Les bons gros baisers sonores
De mes paysans rougeauds.

Je préfère les grands souffles,
Les bois, les champs, fauve abri,
L'horreur sacrée, aux pantoufles
De madame Dubarry.

Je suis hors des esclavages;
Je dis à la honte : Assez!
J'aime mieux les fleurs sauvages
Que les gens apprivoisés.

Les hommes sont des ruines;
Je préfère, ô beau printemps,
Tes fiertés pleines d'épines
A ces déshonneurs contents.

J'ai perdu le Roquelaure
Jasant avec la Boufflers;
Mais je vois plus d'aube éclore
Dans les grands abîmes clairs.

J'ai perdu monsieur le nonce,
Et le monde officiel,

Et d'Antin ; mais je m'enfonce
Toujours plus avant au ciel.

Décloîtré, je fraternise
Avec les rustres souvent.
Je vois donner par Denise
Ce que Célimène vend.

Plus de fossé ; rien n'empêche,
A mes pieds, sur mon gazon,
Que Suzon morde à sa pêche,
Et Mathurin à Suzon !

Solitaire, j'ai mes joies.
J'assiste, témoin vivant,
Dans les sombres claires-voies,
Aux aventures du vent.

Parfois dans les primevères
Court quelque enfant de quinze ans ;
Mes vieilles ombres sévères
Aiment ces yeux innocents.

Rien ne pare un paysage,
Sous l'éternel firmament,
Comme une fille humble et sage
Qui soupire obscurément.

La fille aux fleurs de la berge
Parle dans sa belle humeur,

Et j'entends ce que la vierge
Dit dans l'ombre à la primeur.

J'assiste au germe, à la sève,
Aux nids où s'ouvrent des yeux,
A tout cet immense rêve
De l'hymen mystérieux.

J'assiste aux couples sans nombre,
Au viol, dans le ravin,
De la grande pudeur sombre
Par le grand amour divin.

J'assiste aux fuites rapides
De tous ces baisers charmants.
L'onde a des cœurs dans ses rides ;
Les souffles sont des amants.

Cette allégresse est sacrée,
Et la nature la veut.
On croit finir, et l'on crée.
On est libre, et c'est le nœud.

J'ai pour jardinier la pluie,
L'ouragan pour émondeur ;
Je suis grand sous Dieu ; j'essuie
Ma cime à la profondeur.

L'hiver froid est sans rosée ;
Mais, quand vient avril vermeil,

Je sens la molle pesée
Du printemps sur mon sommeil.

Je la sens mieux, étant libre.
J'ai ma part d'immensité.
La rentrée en équilibre,
Ami, c'est la liberté.

Je suis, sous le ciel qui brille,
Pour la reprise des droits
De la forêt sur la grille,
Et des peuples sur les rois.

Dieu, pour que l'Éden repousse,
Frais, tendre, un peu sauvageon,
Presse doucement du pouce
Ce globe, énorme bourgeon.

Plus de roi. Dieu me pénètre.
Car il faut, retiens cela,
Pour qu'on sente le vrai maître,
Que le faux ne soit plus là.

Il met, lui, l'unique père,
L'Éternel toujours nouveau,
Avec ce seul mot : Espère,
Toute l'ombre de niveau.

Plus de caste. Un ver me touche.
L'hysope aime mon orteil.

Je suis l'égal de la mouche,
Étant l'égal du soleil.

Adieu le feu d'artifice
Et l'illumination.
J'en ai fait le sacrifice.
Je cherche ailleurs le rayon.

D'augustes apothéoses,
Me cachant les cieux jadis,
Remplaçaient, dans des feux roses,
Jéhovah par Amadis.

On emplissait la clairière
De ces lueurs qui, soudain,
Font sur ses pieds de derrière
Dresser dans l'ombre le daim.

La vaste voûte sereine
N'avait plus rien qu'on pût voir,
Car la girandole gêne
L'étoile dans l'arbre noir.

Il sort des feux de Bengale
Une clarté dans les bois,
Fière, et qui n'est point l'égale
De l'âtre des villageois.

Nous étions, chêne, orme et tremble,
Traités en pays conquis

Où se débraillent ensemble
Les pétards et les marquis.

La forêt, comme agrandie
Par les feux et les zéphyrs,
Avait l'air d'un incendie
De rubis et de saphirs.

On offrait au prince, au maître,
Beau, fier, entouré d'archers,
Ces lumières, sœurs peut-être
De la torche des bûchers.

Cent mille verroteries
Jetaient, flambant à l'air vif,
Dans le ciel des pierreries
Et sur la terre du suif.

Une gloire verte et bleue,
Qu'assaisonnait quelque effroi,
Faisait là-haut une queue
De paon en l'honneur du roi.

Aujourd'hui, — c'est un autre âge,
Et les flambeaux sont changeants, —
Je n'ai plus d'autre éclairage
Que le ciel des pauvres gens.

Je reçois dans ma feuillée,
Sombre, aux mille trous vermeils,

La grande nuit étoilée,
Populace de soleils.

Des planètes inconnues
Passent sur mon dôme obscur,
Et je tiens pour bien venues
Ces coureuses de l'azur.

Je n'ai plus les pots de soufre
D'où sortaient les visions;
Je me contente du gouffre
Et des constellations.

Je déroge, et la nature,
Foule de rayons et d'yeux,
M'attire dans sa roture,
Pêle-mêle avec les cieux.

Cependant tout ce qui reste,
Dans l'herbe où court le vanneau
Et que broute l'âne agreste,
Du royal siècle à giorno;

Tout ce qui reste des gerbes,
De Jupin, de Sémélé,
Des dieux, des gloires superbes,
Un peu de carton brûlé;

Dans les ronces paysannes,
Au milieu des vers luisants,

T'obéir sera son vœu;
Il dorlotera ton âme;
Les chandelles courtisanes,
Et les lustres courtisans;

Les vieilles splendeurs brisées,
Les ifs, nobles espions,
Leurs altesses les fusées,
Messeigneurs les lampions;

Tout ce beau monde me raille,
Éteint, orgueilleux et noir;
J'en ris, et je m'encanaille
Avec les astres le soir.

II

ÉCRIT EN 1827

Je suis triste quand je vois l'homme.
Le vrai décroît dans les esprits.
L'ombre qui jadis noya Rome
Commence à submerger Paris.

Les rois sournois, de peur des crises,
Donnent aux peuples un calmant.
Ils font des boîtes à surprises
Qu'ils appellent charte et serment.

Hélas! nos anges sont vampires;
Notre albâtre vaut le charbon;

Et nos meilleurs seraient les pires
D'un temps qui ne serait pas bon.

Le justement, le sage intrigue;
Notre douceur, triste semblant,
N'est que la peur de la fatigue
Qu'on aurait d'être violent.

Notre austérité frelatée
N'admet ni Hampden ni Brutus;
Le syllogisme de l'athée
Est à l'aise dans nos vertus.

Sur l'honneur mort la honte flotte.
On voit, prompt à prendre le pli,
Se recomposer en ilote
Le Spartiate démoli.

Le ciel blêmit; les fronts végètent;
Le pain du travailleur est noir;
Et des prêtres insulteurs jettent
De la fange avec l'encensoir.

C'est à peine, ô sombres années!
Si les yeux de l'homme obscurcis,
L'aube et la raison condamnées,
Obtiennent de l'ombre un sursis.

Le passé règne; il nous menace;
Le trône est son premier sujet;

Apre, il remet sa dent tenace
Sur l'esprit humain qu'il rongeait.

Le prince est bonhomme ; la rue
Est pourtant sanglante. — Bravo !
Dit Dracon. — La royauté grue
Monte sur le roi soliveau.

Les actions sont des cloaques,
Les consciences des égouts ;
L'un vendrait la France aux cosaques,
L'autre vendrait l'âme aux hiboux.

La religion sombre emploie
Pour le sang, la guerre et le fer,
Les textes du ciel qu'elle ploie
Au sens monstrueux de l'enfer.

La renommée aux vents répète
Des noms impurs soir et matin,
Et l'on peut voir à sa trompette
De la salive d'Arétin.

La fortune, reine enivrée
De ce vieux Paris, notre aïeul,
Lui met une telle livrée
Qu'on préférerait le linceul.

La victoire est une drôlesse ;
Cette vivandière au flanc nu

Rit de se voir mener en laisse
Par le premier goujat venu.

Point de Condés, des La Feuillades;
Mars et Vénus dans leur clapier;
Je n'admire point les œillades
De cette fille à ce troupier.

Partout l'or sur la pourriture,
L'idéal en proie aux moqueurs,
Un abaissement de stature
D'accord avec la nuit des cœurs.

II

Mais tourne le dos, ma pensée!
Viens; les bois sont d'aube empourprés;
Sois de la fête; la rosée
T'a promise à la fleur des prés.

Quitte Paris pour la feuillée.
Une haleine heureuse est dans l'air;
La vaste joie est réveillée;
Quelqu'un rit dans le grand ciel clair.

Viens sous l'arbre aux voix étouffées,
Viens dans les taillis pleins d'amour
Où la nuit vont danser les fées
Et les paysannes le jour.

Viens, on t'attend dans la nature.
Les martinets sont revenus;
L'eau veut te conter l'aventure
Des bas ôtés et des pieds nus.

C'est la grande orgie ingénue
Des nids, des ruisseaux, des forêts,
Des rochers, des fleurs, de la nue;
La rose a dit que tu viendrais.

Quitte Paris. La plaine est verte;
Le ciel, cherché des yeux en pleurs,
Au bord de sa fenêtre ouverte
Met avril, ce vase de fleurs.

L'aube a voulu, l'aube superbe,
Que pour toi le champ s'animât.
L'insecte est au bout du brin d'herbe
Comme un matelot au grand mât.

Que t'importe Fouché de Nantes
Et le prince de Bénévent!
Les belles mouches bourdonnantes
Emplissent l'azur et le vent.

Je ne comprends plus tes murmures
Et je me déclare content
Puisque voilà les fraises mûres
Et que l'iris sort de l'étang.

III

Fuyons avec celle que j'aime.
Paris trouble l'amour. Fuyons.
Perdons-nous dans l'oubli suprême
Des feuillages et des rayons.

Les bois sont sacrés; sur leurs cimes
Resplendit le joyeux été;
Et les forêts sont des abîmes
D'allégresse et de liberté.

Toujours les cœurs les plus moroses
Et les cerveaux les plus boudeurs
Ont vu le bon côté des choses
S'éclairer dans les profondeurs.

Tout reluit; le matin rougeoie;
L'eau brille; on court dans le ravin;
La gaîté monte sur la joie
Comme la mousse sur le vin.

La tendresse sort des corolles;
Le rosier a l'air d'un amant.
Comme on éclate en choses folles,
Et comme on parle innocemment !

O fraîcheur du rire ! ombre pure !
Mystérieux apaisement !

Dans l'immense lueur obscure
On s'emplit d'éblouissement.

Adieu les vains soucis funèbres !
On ne se souvient que du beau.
Si toute la vie est ténèbres,
Toute la nature est flambeau.

Qu'ailleurs la bassesse soit grande,
Que l'homme soit vil et bourbeux,
J'en souris, pourvu que j'entende
Une clochette au cou des bœufs.

Il est bien certain que les sources,
Les arbres pleins de doux ébats,
Les champs, sont les seules ressources
Que l'âme humaine ait ici-bas.

O solitude, tu m'accueilles
Et tu m'instruis sous le ciel bleu ;
Un petit oiseau sous les feuilles,
Chantant, suffit à prouver Dieu.

VI

L'ÉTERNEL PETIT ROMAN

I

LE DOIGT DE LA FEMME

Dieu prit sa plus molle argile
Et son plus pur kaolin,
Et fit un bijou fragile,
Mystérieux et câlin.

Il fit le doigt de la femme,
Chef-d'œuvre auguste et charmant,
Ce doigt fait pour toucher l'âme
Et montrer le firmament.

Il mit dans ce doigt le reste
De la lueur qu'il venait

D'employer au front céleste
De l'heure où l'aurore naît.

Il y mit l'ombre du voile,
Le tremblement du berceau,
Quelque chose de l'étoile,
Quelque chose de l'oiseau.

Le Père qui nous engendre
Fit ce doigt mêlé d'azur,
Très fort pour qu'il restât tendre,
Très blanc pour qu'il restât pur,

Et très doux, afin qu'en somme
Jamais le mal n'en sortît,
Et qu'il pût sembler à l'homme
Le doigt de Dieu, plus petit.

Il en orna la main d'Ève,
Cette frêle et chaste main
Qui se pose comme un rêve
Sur le front du genre humain.

Cette humble main ignorante,
Guide de l'homme incertain,
Qu'on voit trembler, transparente,
Sur la lampe du destin.

Oh! dans ton apothéose,
Femme, ange aux regards baissés,

La beauté, c'est peu de chose,
La grâce n'est pas assez;

Il faut aimer. Tout soupire,
L'onde, la fleur, l'alcyon;
La grâce n'est qu'un sourire,
La beauté n'est qu'un rayon;

Dieu, qui veut qu'Ève se dresse
Sur notre rude chemin,
Fit pour l'amour la caresse,
Pour la caresse ta main.

Dieu, lorsque ce doigt qu'on aime
Sur l'argile fut conquis,
S'applaudit, car le suprême
Est fier de créer l'exquis.

Ayant fait ce doigt sublime,
Dieu dit aux anges : Voilà !
Puis s'endormit dans l'abîme;
Le diable alors s'éveilla.

Dans l'ombre où Dieu se repose,
Il vint, noir sur l'orient,
Et tout au bout du doigt rose
Mit un ongle en souriant.

II

FUITE EN SOLOGNE

AU POÈTE MÉRANTE

I

Ami, viens me rejoindre.
Les bois sont innocents.
Il est bon de voir poindre
L'aube des paysans.

Paris, morne et farouche,
Pousse des hurlements
Et se tord sous la douche
Des noirs événements.

Il revient, loi sinistre,
Étrange état normal!

A l'ennui par le cuistre
Et par le monstre au mal.

II

J'ai fui ; viens. C'est dans l'ombre
Que nous nous réchauffons.
J'habite un pays sombre
Plein de rêves profonds.

Les récits de grand'mère
Et les signes de croix
Ont mis une chimère
Charmante, dans les bois.

Ici, sous chaque porte,
S'assied le fabliau,
Nain du foyer qui porte
Perruque in-folio.

L'elfe dans les nymphées
Fait tourner ses fuseaux ;
Ici l'on a des fées
Comme ailleurs des oiseaux.

Le conte, aimé des chaumes,
Trouve au bord des chemins,
Parfois, un nid de gnômes
Qu'il prend dans ses deux mains.

Les follets sont des drôles
Pétris d'ombre et d'azur
Qui font aux creux des saules
Un flamboiement obscur.

Le faune aux doigts d'écorce
Rapproche par moments
Sous la table au pied torse
Les genoux des amants.

Le soir un lutin cogne
Aux plafonds des manoirs;
Les étangs de Sologne
Sont de pâles miroirs.

Les nénuphars des berges
Me regardent la nuit;
Les fleurs semblent des vierges;
L'âme des choses luit.

III

Cette bruyère est douce;
Ici le ciel est bleu,
L'homme vit, le blé pousse
Dans la bonté de Dieu.

J'habite sous les chênes
Frémissants et calmants;

L'air est tiède, et les plaines
Sont des rayonnements.

Je me suis fait un gîte
D'arbres, sourds à nos pas ;
Ce que le vent agite,
L'homme ne l'émeut pas.

Le matin, je sommeille
Confusément encor,
L'aube arrive vermeille
Dans une gloire d'or.

— Ami, dit la ramée,
Il fait jour maintenant. —
Une mouche enfermée
M'éveille en bourdonnant.

IV

Viens, loin des catastrophes,
Mêler sous nos berceaux
Le frisson de tes strophes
Au tremblement des eaux.

Viens, l'étang solitaire
Est un poème aussi.
Les lacs ont le mystère,
Nos cœurs ont le souci

Tout comme l'hirondelle,
La stance quelquefois
Aime à mouiller son aile
Dans la mare des bois.

C'est, la tête inondée
Des pleurs de la forêt,
Que souvent le spondée
A Virgile apparaît.

C'est des sources, des îles,
Du hêtre et du glaïeul
Que sort ce tas d'idylles
Dont Tityre est l'aïeul.

Segrais, chez Pan son hôte,
Fit un livre serein
Où la grenouille saute
Du sonnet au quatrain.

Pendant qu'en sa nacelle
Racan chantait Babet,
Du bec de la sarcelle
Une rime tombait.

Moi, ce serait ma joie
D'errer dans la fraîcheur
D'une églogue où l'on voie
Fuir le martin-pêcheur.

L'ode même, superbe,
Jamais ne renia
Toute cette grande herbe
Où rit Titania.

Ami, l'étang révèle
Et mêle, brin à brin,
Une flore nouvelle
Au vieil alexandrin.

Le style se retrempe
Lorsque nous le plongeons
Dans cette eau sombre où rampe
Un esprit sous les joncs.

Viens, pour peu que tu veuilles
Voir croître dans ton vers
La sphaigne aux larges feuilles
Et les grands roseaux verts.

III

GARE!

On a peur, tant elle est belle !
Fût-on don Juan ou Caton.
On la redoute rebelle ;
Tendre, que deviendrait-on ?

Elle est joyeuse et céleste !
Elle vient de ce Brésil
Si doré qu'il fait du reste
De l'univers un exil.

A quatorze ans épousée,
Et veuve au bout de dix mois.
Elle a toute la rosée
De l'aurore au fond des bois.

Elle est vierge ; à peine née.
Son mari fut un vieillard ;

Dieu brisa cet hyménée
De Trop tôt avec Trop tard.

Apprenez qu'elle se nomme
Doña Rosita Rosa ;
Dieu, la destinant à l'homme,
Aux anges la refusa.

Elle est ignorante et libre,
Et sa candeur la défend.
Elle a tout, accent qui vibre,
Chanson triste et rire enfant,

Tout, le caquet, le silence,
Ces petits pieds familiers
Créés pour l'invraisemblance
Des romans et des souliers,

Et cet air des jeunes Èves
Qu'on nommait jadis fripon,
Et le tourbillon des rêves
Dans les plis de son jupon.

Cet être qui nous attire,
Agnès cousine d'Hébé,
Enivrerait un satyre,
Et griserait un abbé.

Devant tant de beautés pures,
Devant tant de frais rayons,

La chair fait des conjectures
Et l'âme des visions.

Au temps présent l'eau saline,
La blanche écume des mers
S'appelle la mousseline;
On voit Vénus à travers.

Le réel fait notre extase;
Et nous serions plus épris
De voir Ninon sous la gaze
Que sous la vague Cypris.

Nous préférons la dentelle
Au flot diaphane et frais;
Vénus n'est qu'une immortelle;
Une femme, c'est plus près.

Celle-ci, vers nous conduite
Comme un ange retrouvé,
Semble à tous les cœurs la suite
De leur songe inachevé.

L'âme l'admire, enchantée
Par tout ce qu'a de charmant
La rêverie ajoutée
Au vague éblouissement.

Quel danger! on la devine.
Un nimbe à ce front vermeil!

Belle, on la rêve divine,
Fleur, on la rêve soleil.

Elle est lumière, elle est onde.
On la contemple. On la croit
Reine et fée, et mer profonde
Pour les perles qu'on y voit.

Gare, Arthur! gare, Clitandre!
Malheur à qui se mettrait
A regarder d'un air tendre
Ce mystérieux attrait!

L'amour, où glissent les âmes,
Est un précipice; on a
Le vertige au bord des femmes
Comme au penchant de l'Etna.

On rit d'abord. Quel doux rire!
Un jour, dans ce jeu charmant,
On s'aperçoit qu'on respire
Un peu moins facilement.

Ces feux-là troublent la tête.
L'imprudent qui s'y chauffait
S'éveille à moitié poète
Et stupide tout à fait.

Plus de joie. On est la chose
Des tourments et des amours.

Quoique le tyran soit rose,
L'esclavage est noir toujours.

On est jaloux; travail rude!
On n'est plus libre et vivant,
Et l'on a l'inquiétude
D'une feuille dans le vent.

On la suit, pauvre jeune homme!
Sous prétexte qu'il faut bien
Qu'un astre ait un astronome
Et qu'une femme ait un chien.

On se pose en loup fidèle;
On est bête, on s'en aigrit,
Tandis qu'un autre, auprès d'elle,
Aimant moins, a plus d'esprit.

Même aux bals et dans les fêtes,
On souffre, fût-on vainqueur;
Et voilà comment sont faites
Les aventures du cœur.

Cette adolescente est sombre
A cause de ses quinze ans
Et de tout ce qu'on voit d'ombre
Dans ses beaux yeux innocents.

On donnerait un empire
Pour tous ces chastes appas;
Elle est terrible; et le pire,
C'est qu'elle n'y pense pas.

IV

A DOÑA ROSITA ROSA

I

Ce petit bonhomme bleu
Qu'un souffle apporte et remporte,
Qui, dès que tu dors un peu,
Gratte de l'ongle à ta porte,

C'est mon rêve. Plein d'effroi,
Jusqu'à ton seuil il se glisse.
Il voudrait entrer chez toi
En qualité de caprice.

Si tu désires avoir
Un caprice aimable, leste,
Et prenant un air céleste
Sous les étoiles du soir,

Mon rêve, ô belle des belles,
Te convient ; arrangeons-nous.
Il a ton nom sur ses ailes
Et mon nom sur ses genoux.

Il est doux, gai, point morose,
Tendre, frais, d'azur baigné.
Quant à son ongle, il est rose,
Et j'en suis égratigné.

II

Prends-le donc à ton service.
C'est un pauvre rêve fou ;
Mais pauvreté n'est pas vice.
Nul cœur ne ferme au verrou ;

Ton cœur, pas plus que mon âme,
N'est clos et barricadé.
Ouvre donc, ouvrez, madame,
A mon doux songe évadé.

Les heures pour moi sont lentes,
Car je souffre éperdument ;
Il vient sur ton front charmant
Poser ses ailes tremblantes.

Il fera chez toi du feu,
Et, s'il le peut, de la flamme.

Il fera ce qui te plaît;
Prompt à voir tes désirs naître;
Belle, il sera ton valet,
Jusqu'à ce qu'il soit ton maître.

V

A ROSITA

Tu ne veux pas aimer, méchante?
Le printemps en est triste, vois;
Entends-tu ce que l'oiseau chante
Dans la sombre douceur des bois?

Sans l'amour rien ne reste d'Ève;
L'amour, c'est la seule beauté;
Le ciel, bleu quand l'astre s'y lève,
Est tout noir, le soleil ôté.

Tu deviendras laide toi-même
Si tu n'as pas plus de raison.
L'oiseau chante qu'il faut qu'on aime,
Et ne sait pas d'autre chanson.

VI

C'EST PARCE QU'ELLE SE TAISAIT

Son silence fut mon vainqueur;
C'est ce qui m'a fait épris d'elle.
D'abord je n'avais dans le cœur
Rien qu'un obscur battement d'aile.

Nous allions en voiture au bois,
Seuls tous les soirs, et loin du monde;
Je lui parlais, et d'autres voix
Chantaient dans la forêt profonde.

Son œil était mystérieux.
Il contient, cet œil de colombe,
Le même infini que les cieux,
La même aurore que la tombe.

Elle ne disait rien du tout,
Pensive au fond de la calèche.

Un jour je sentis tout à coup
Trembler dans mon âme une flèche.

L'Amour, c'est le je ne sais quoi.
Une femme habile à se taire
Est la caverne où se tient coi
Ce méchant petit sagittaire.

VII

A LA BELLE IMPÉRIEUSE

L'amour, panique
De la raison,
Se communique
Par le frisson.

Laissez-moi dire,
N'accordez rien.
Si je soupire,
Chantez, c'est bien.

Si je demeure,
Triste, à vos pieds,
Et si je pleure,
C'est bien, riez.

Un homme semble
Souvent trompeur.
Mais si je tremble,
Belle, ayez peur.

VIII

SOMMATION IRRESPECTUEUSE

Rire étant si jolie,
C'est mal. O trahison
D'inspirer la folie,
En gardant la raison !

Rire étant si charmante !
C'est coupable, à côté
Des rêves qu'on augmente
Par son trop de beauté.

Une chose peut-être
Qui va vous étonner,
C'est qu'à votre fenêtre
Le vent vient frissonner,

Q'avril commence à luire,
Que la mer s'aplanit,

Et que cela veut dire :
Fauvette, fais ton nid.

Belle aux chansons naïves,
J'admets peu qu'on ait droit
Aux prunelles très-vives,
Ayant le cœur très-froid.

Quand on est si bien faite,
On devrait se cacher.
Un amant qu'on rejette,
A quoi bon l'ébaucher?

On se lasse, ô coquette,
D'être toujours tremblant.
Vous êtes la raquette,
Et je suis le volant.

Le coq battant de l'aile,
Maître en son pachalick,
Nous prévient qu'une belle
Est un danger public

Il a raison. J'estime
Qu'en leur gloire isolés,
Deux beaux yeux sont un crime.
Allumez, mais brûlez.

Pourquoi ce vain manége?
L'eau qu'échauffe le jour,

La fleur perçant la neige,
Le loup hurlant d'amour,

L'astre que nos yeux guettent,
Sont l'eau, la fleur, le loup,
Et l'étoile, et n'y mettent
Pas de façons du tout.

Aimer est si facile
Que, sans cœur, tout est dit,
L'homme est un imbécile,
La femme est un bandit.

L'œillade est une dette.
L'insolvabilité,
Volontaire, complète
Ce monstre, la beauté.

Craindre ceux qu'on captive!
Nous fuir et nous lier!
Être la sensitive
Et le mancenillier!

C'est trop. Aimez, madame.
Quoi donc! quoi! mon souhait
Où j'ai tout mis, mon âme
Et mes rêves, me hait!

L'amour nous vise. Certe,
Notre effroi peut crier,

Mais rien ne déconcerte
Cet arbalétrier.

Sachez donc, ô rebelle,
Que souvent, trop vainqueur,
Le regard d'une belle
Ricoche sur son cœur.

Vous pouvez être sûre
Qu'un jour vous vous ferez
Vous-même une blessure
Que vous adorerez.

Vous comprendrez l'extase
Voisine du péché,
Et que l'âme est un vase
Toujours un peu penché.

Vous saurez, attendrie,
Le charme de l'instant
Terrible, où l'on s'écrie :
Ah! vous m'en direz tant!

Vous saurez, vous qu'on gâte,
Le destin tel qu'il est,
Les pleurs, l'ombre et la hâte,
De cacher un billet.

Oui, — pourquoi tant remettre? —
Vous sentirez, qui sait?

La douceur d'une lettre
Que tiédit le corset.

Vous riez ! votre joie
A Tout préfère Rien.
En vain l'aube rougeoie,
En vain l'air chante. Eh bien,

Je ris aussi ! Tout passe.
O muse, allons-nous-en.
J'aperçois l'humble grâce
D'un toit de paysan ;

L'arbre, libre volière,
Est plein d'heureuses voix ;
Dans les pousses du lierre
Le chevreau fait son choix ;

Et, jouant sous les treilles,
Un petit villageois
A pour pendants d'oreilles
Deux cerises des bois.

IX

FÊTES DE VILLAGE EN PLEIN AIR

Le bal champêtre est sous la tente.
On prend en vain des airs moqueurs ;
Toute une musique flottante
Passe des oreilles aux cœurs.

On entre, on fait cette débauche
De voir danser en plein midi
Près d'une Madelon point gauche
Un Gros-Pierre point engourdi.

On regarde les marrons frire ;
La bière mousse, et les plateaux
Offrent aux dents pleines de rire
Des mosaïques de gâteaux.

Le soir on va dîner sur l'herbe ;
On est gai, content, berger, roi,

Et, sans savoir comment, superbe,
Et tendre, sans savoir pourquoi.

Feuilles vertes et nappes blanches ;
Le couchant met le bois en feu ;
La joie ouvre ses ailes franches :
Comme le ciel immense est bleu !

X

CONFIANCE

A MÉRANTE

Ami, tu me dis : — « Joie extrême !
« Donc, ce matin, comblant ton vœu,
« Rougissante, elle a dit : Je t'aime !
« Devant l'aube, cet autre aveu.

« Ta victoire, tu la dévoiles.
« On t'aime, ô Léandre, ô Saint-Preux,
« Et te voilà dans les étoiles,
« Sans parachute, malheureux ! »

Et tu souris. Mais que m'importe !
Ton sourire est un envieux.

Sois gai; moi, ma tristesse est morte.
Rire c'est bien, aimer c'est mieux.

Tu me croyais plus fort en thème,
N'est-ce pas ? tu te figurais
Que je te dirais : Elle m'aime,
Défions-nous, et buvons frais.

Point. J'ai des manières étranges;
On fait mon bonheur, j'y consens;
Je vois là-haut passer les anges
Et je me mêle à ces passants.

Je suis ingénu comme Homère,
Quand cet aveugle aux chants bénis
Adorait la mouche éphémère
Qui sort des joncs de l'Hypanis.

J'ai la foi. Mon esprit facile
Dès le premier jour constata
Dans la Sologne une Sicile,
Une Aréthuse en Rosita.

Je ne vois point dans une femme
Un filou, par l'ombre enhardi.
Je ne crois pas qu'on prenne une âme,
Comme on vole un maravedi.

La supposer fausse, et plâtrée,
Non, justes dieux ! je suis épris.

Je ne commence point l'entrée
Au paradis, par le mépris.

Je lui donne un cœur sans lui dire :
Rends-moi la monnaie ! — Et je crois
A sa pudeur, à mon délire,
Au bleu du ciel, aux fleurs des bois.

J'entre en des sphères idéales
Sans fredonner le vieux pont-neuf
De Villon aux piliers des Halles
Et de Fronsac à l'Œil-de-Bœuf.

Je m'enivre des harmonies
Qui, de l'azur, à chaque pas,
M'arrivent, claires, infinies,
Joyeuses, et je ne crois pas

Que l'amour trompe nos attentes,
Qu'un bien-aimé soit un martyr,
Et que toutes ces voix chantantes
Descendent du ciel pour mentir.

Je suis rempli d'une musique ;
Je ne sens point, dans mes halliers,
La désillusion classique
Des vieillards et des écoliers.

J'écoute en moi l'hymne suprême
De mille instruments triomphaux

Qui tous répètent qu'elle m'aime,
Et dont pas un ne chante faux.

Oui, je t'adore ! oui, tu m'adores !
C'est à ces mots-là que sont dus
Tous ces vagues clairons sonores
Dans un bruit de songe entendus.

Et, dans les grands bois qui m'entourent,
Je vois danser, d'un air vainqueur,
Les cupidons, gamins qui courent
Devant la fanfare du cœur.

XI

LE NID

C'est l'abbé qui fait l'église ;
C'est le roi qui fait la tour ;
Qui fait l'hiver ? C'est la bise.
Qui fait le nid ? C'est l'amour.

Les églises sont sublimes,
La tour monte dans les cieux,
L'hiver pour trône a les cimes ;
Mais le nid chante et vaut mieux.

Le nid, que l'aube visite,
Ne voit ni deuils, ni combats ;
Le nid est la réussite
La meilleure d'ici-bas.

Là, pas d'or et point de marbre ;
De la mousse, un coin étroit ;

C'est un grenier dans un arbre,
C'est un bouquet sur un toit.

Ce n'est point chose facile,
Lorsque Charybde et Scylla
Veulent mordre la Sicile,
Que de mettre le holà ;

Quand l'Hékla brûle sa suie,
Quand flambe l'Etna grognon,
Le fumiste qui l'essuie
Est un rude compagnon ;

L'orage est grand dans son antre ;
Le nuage, hydre des airs,
Est splendide quand son ventre
Laisse tomber les éclairs ;

Un cri fier et redoutable,
De hautes rébellions
Sortent de la fauve étable
Des tigres et des lions ;

Certes, c'est une œuvre ardue
D'allumer le jour levant,
D'ouvrir assez l'étendue
Pour ne pas casser le vent,

Et de donner à la houle
Un si gigantesque élan

Que, d'un seul bond, elle roule
De Behring à Magellan.

Emplir de fureur les bêtes
Et le tonnerre de bruit;
Gonfler le cou des tempêtes
Des sifflements de la nuit;

Tirer, quand la giboulée
Fouette le matin vermeil,
De l'écurie étoilée
L'attelage du soleil;

Gaver de vins vendémiaire,
D'épis messidor; pourvoir
Aux dépenses de lumière
Que fait l'astre chaque soir;

Peupler l'ombre; avoir la force,
A travers la terre et l'air,
D'enfler tous les ans l'écorce,
D'enfler tous les jours la mer;

Ce sont les travaux suprêmes
Des dieux, ouvriers géants
Mirant leurs bleus diadèmes
Dans les glauques océans;

Ce sont les tâches immenses
Des êtres régnant sur nous,

Tantôt des grandes clémences,
Tantôt des vastes courroux;

C'est du miracle et du rêve;
Hier, aujourd'hui, demain,
Ces choses font, depuis Ève,
L'éblouissement humain.

Mais entre tous les prodiges
Qu'entassent dieux et démons,
Ouvrant l'abîme aux vertiges,
Heurtant les foudres aux monts,

C'est l'effort le plus superbe,
C'est le travail le plus beau,
De faire tordre un brin d'herbe
Au bec d'un petit oiseau.

En vain rampe la couleuvre;
L'amour arrange et bénit
Deux ailes sur la même œuvre,
Deux cœurs dans le même nid.

Ce nid où l'amour se pose,
Voilà le but du ciel bleu;
Et pour la plus douce chose
Il faut le plus puissant Dieu.

XII

A PROPOS DE DOÑA ROSA

A MÉRANTE

Au printemps, quand les nuits sont claires,
Quand on voit, vagues tourbillons,
Voler sur les fronts les chimères
Et dans les fleurs les papillons,

Pendant la floraison des fèves,
Quand l'amant devient l'amoureux,
Quand les hommes, en proie aux rêves,
Ont toutes ces mouches sur eux,

J'estime qu'il est digne et sage
De ne point prendre un air vainqueur,
Et d'accepter ce doux passage
De la saison sur notre cœur.

A quoi bon résister aux femmes,
Qui ne résistent pas du tout ?

Toutes les roses sont en flammes;
Une guimpe est de mauvais goût.

Trop heureux ceux à qui les belles
Font la violence d'aimer!
A quoi sert-il d'avoir des ailes,
Sinon pour les laisser plumer?

O Mérante, il n'est rien qui vaille
Ces purs attraits, tendres tyrans,
Un sourire qui dit : Bataille!
Un soupir qui dit : Je me rends!

Et je donnerais la Castille
Et ses plaines en amadou
Pour deux yeux sous une mantille,
Fiers, et venant on ne sait d'où.

XIII

LES BONNES INTENTIONS DE ROSA

Ce bonhomme avait les yeux mornes
Et, sur son front, chargé d'ennui,
L'incorrection de deux cornes,
Tout à fait visibles chez lui.

Ses vagues prunelles bourrues
Reflétaient dans leur blême éclair
Le sombre dédale des rues
De la grande ville d'enfer.

Son pied fourchu crevait ses chausses ;
Hors du gouffre il prenait le frais ;
Ses dents, certes, n'étaient point fausses,
Mais ses regards n'étaient pas vrais.

Il venait sur terre, vorace.
Dans ses mains, aux ongles de fer,

Il tenait un permis de chasse
Signé Dieu, plus bas Lucifer.

C'était Belzébuth, très-bon diable.
Je le reconnus sur-le-champ.
Sa grimace irremédiable
Lui donnait l'air d'un dieu méchant.

Un même destin, qui nous pèse,
Semble tous deux nous châtier,
Car dans l'amour je suis à l'aise
Comme lui dans un bénitier.

L'amour, — jaloux, ne vous déplaise, —
Est un doux gazon d'oasis
Fort ressemblant à de la braise
Sur laquelle on serait assis.

Une femme ! l'exquise chose !
Je redeviens un écolier;
Je décline Rosa la rose;
Je suis amoureux à lier.

Or le diable est une rencontre;
Et j'en suis toujours réjoui.
De tous les Pour il est le Contre;
Il est le Non de tous les Oui.

Le diable est diseur de proverbes.
Il songeait. Son pied mal botté.

Écrasait dans les hautes herbes
La forêt de fleurs de l'été.

L'un près de l'autre nous passâmes.
« Ça, pensai-je, il est du métier.
Le diable se connaît en femmes,
En qualité de bijoutier. »

Je m'approchai de son altesse,
Le chapeau bas; ce carnassier,
Calme, me fit la politesse
D'un sourire hostile et princier.

Je lui dis : — Que pensez-vous d'elle ?
Contez-moi ce que vous savez.
— Son désir de t'être fidèle,
Dit-il, est un de mes pavés.

XIV

ROSA FACHÉE

Une querelle. Pourquoi ?
Mon Dieu ! parce qu'on s'adore.
A peine s'est-on dit Toi
Que Vous se hâte d'éclore.

Le cœur tire sur son nœud ;
L'azur fuit ; l'âme est diverse.
L'amour est un ciel, qui pleut
Sur les amoureux à verse.

De même, quand, sans effroi,
Dans la forêt que juin dore,
On va rôder, sur la foi
Des promesses de l'aurore,

On peut être pris le soir,
Car le beau temps souvent triche,
Par un gros nuage noir
Qui n'était pas sur l'affiche.

XV

DANS LES RUINES D'UNE ABBAYE

Seuls tous deux, ravis, chantants !
    Comme on s'aime !
Comme on cueille le printemps
    Que Dieu sème !

Quels rires étincelants
    Dans ces ombres
Pleines jadis de fronts blancs,
    De cœurs sombres !

On est tout frais mariés.
    On s'envoie
Les charmants cris variés
    De la joie.

Purs ébats mêlés au vent
    Qui frissonne !

Gaîtés que le noir couvent
         Assaisonne !

On effeuille des jasmins
         Sur la pierre
Où l'abbesse joint ses mains
         En prière.

Les tombeaux, de croix marqués,
         Font partie
De ces jeux, un peu piqués
         Par l'ortie.

On se cherche, on se poursuit,
         On sent croître
Ton aube, amour, dans la nuit
         Du vieux cloître.

On s'en va se becquetant,
         On s'adore,
On s'embrasse à chaque instant,
         Puis encore,

Sous les piliers, les arceaux,
         Et les marbres.
C'est l'histoire des oiseaux
         Dans les arbres.

XVI

LES TROP HEUREUX

Quand avec celle qu'on enlève,
Joyeux, on s'est enfui si loin,
Si haut, qu'au-dessus de son rêve
On n'a plus que Dieu, doux témoin ;

Quand, sous un dais de fleurs sans nombre,
On a fait tomber sa beauté
Dans quelque précipice d'ombre,
De silence et de volupté ;

Quand, au fond du hallier farouche,
Dans une nuit pleine de jour,
Une bouche sur une bouche
Baise ce mot divin : amour !

Quand l'homme contemple la femme,
Quand l'amante adore l'amant,

Quand, vaincus, ils n'ont plus dans l'âme
Qu'un muet éblouissement,

Ce profond bonheur solitaire,
C'est le ciel que nous essayons.
Il irrite presque la terre
Résistante à trop de rayons.

Ce bonheur rend les fleurs jalouses
Et les grands chênes envieux,
Et fait qu'au milieu des pelouses
Le lys trouve le rosier vieux;.

Ce bonheur est si beau qu'il semble
Trop grand, même aux êtres ailés;
Et la libellule qui tremble,
La graine aux pistils étoilés,

Et l'étamine, âme inconnue
Qui de la plante monte au ciel,
Le vent errant de nue en nue,
L'abeille errant de miel en miel,

L'oiseau, que les hivers désolent,
Le frais papillon rajeuni,
Toutes les choses qui s'envolent,
En murmurent dans l'infini.

XVII

A UN VISITEUR PARISIEN

Domremy, 182..

Moi, que je sois royaliste !
C'est à peu près comme si
Le ciel devait rester triste
Quand l'aube a dit : Me voici !

Un roi, c'est un homme équestre,
Personnage à numéro,
En marge duquel de Maistre
Écrit : Roi, lisez : Bourreau.

Je n'y crois plus. Est-ce un crime
Que d'avoir, par ma cloison,
Vu ce point du jour sublime,
Le lever de la raison !

J'étais jadis à l'école
Chez ce pédant, le Passé ;

J'ai rompu cette bricole ;
J'épelle un autre A B C.

Mon livre, ô fils de Lutèce,
C'est la nature, alphabet
Où le lys n'est point altesse,
Où l'arbre n'est point gibet.

Maintenant, je te l'avoue,
Je ne crois qu'au droit divin
Du cœur, de l'enfant qui joue,
Du franc rire et du bon vin.

Puisque tu me fais visite
Sous mon chaume, à Domremy,
A toi le Grec, moi le Scythe,
J'ouvre mon âme à demi...

Pas tout à fait. — La feuillée
Doit voiler le carrefour,
Et la porte entre-bâillée,
Convient au timide amour.

J'aime, en ces bois que j'habite,
L'aurore ; et j'ai dans mon trou
Pour pareil, le cénobite,
Pour contraire, le hibou.

Une femme me fascine ;
Comme Properce, j'entends

Une flûte tibicine
Dans les branches du printemps.

J'ai pour jeu la poésie;
J'ai pour torture un minois,
Vieux style, et la jalousie,
Ce casse-tête chinois.

Je suis fou d'une charmeuse,
De Paris venue ici,
Dont les saules de la Meuse
Sont tous amoureux aussi.

Je l'ai suivie en Sologne,
Je la suis à Vaucouleurs.
Mon cœur rit, ma raison grogne,
Et me voilà dans les fleurs.

Je l'ai nommée Euryanthe.
J'en perds l'âme et l'appétit.
Circonstance atténuante :
Elle a le pied très-petit.

Plains-moi. Telle est ma blessure.
Cela dit, amusons-nous.
Oublions tout, la censure,
Rome, et l'abbé Frayssinous.

Cours les bals, danse aux kermesses.
Les filles ont de la foi;

Fais-toi tenir les promesses
Qu'elles m'ont faites à moi.

Ris, savoure, aime, déguste,
Et, libres, narguons un peu
Le roi, ce faux nez auguste
Que le prêtre met à Dieu.

XVIII

DÉNONCIATION DE L'ESPRIT DES BOIS

J'ai vu ton ami, j'ai vu ton amie;
Mérante et Rosa; vous n'étiez point trois.
Fils, il ont produit une épidémie
De baisers parmi les nids de mon bois.

Ils étaient contents, le diable m'emporte!
Tu n'étais point là. Je les regardais.
Jadis on trompait Jupin de la sorte;
Car parfois un dieu peut être un dadais.

Moi je suis très-laid, j'ai l'épaule haute,
Mais, bah! quand je peux, je ris de bon cœur.
Chacun a sa part; on plane, je saute;
Vous êtes les beaux, je suis le moqueur.

Quand le ciel charmant se mire à la source,
Quand les autres ont l'âme et le baiser,

Faire la grimace est une ressource;
N'étant pas heureux, il faut s'amuser.

Je dois t'avertir qu'un bois souvent couvre
Des détails, piquants pour Brantôme et Grimm,
Que les yeux sont faits pour qu'on les entr'ouvre,
Fils, et qu'une absence est un intérim.

Un cœur parfois trompe et se désabonne.
Qui veille a raison. Dieu, ce grand Bréguet,
Fit la confiance, et, la trouvant bonne,
L'améliora par un peu de guet.

Tu serais marmotte ou l'un des Quarante
Que tu ne pourrais dormir mieux que ça
Pendant que Rosa sourit à Mérante,
Pendant que Mérante embrasse Rosa.

XIX

RÉPONSE A L'ESPRIT DES BOIS

Nain qui me railles,
Gnome aperçu
Dans les broussailles,
Ailé, bossu ;

Face moisie,
Sur toi, boudeur,
La poésie
Tourne en laideur.

Magot de l'Inde,
Dieu d'Abydos,
Ce mont, le Pinde,
Est sur ton dos.

Ton nom est Fable.
Ton boniment

Quelquefois hâble
Et toujours ment.

Ta verve est faite
De ton limon,
Et le poëte
Sort du démon.

Monstre apocryphe,
Trouble-raisons,
On sent ta griffe
Dans ces buissons.

Tu me dénonces
Un rendez-vous,
O fils des ronces,
Frère des houx,

Et ta voix grêle
Vient accuser
D'un sourire, elle,
Lui, d'un baiser.

Quel vilain rôle!
Je n'en crois rien,
Vieux petit drôle
Aérien.

Reprends ta danse,
Spectre badin;

Reçois quittance
De mon dédain

Où j'enveloppe
Tous tes aïeux
Depuis Ésope
Jusqu'à Mayeux.

XX

LETTRE

J'ai mal dormi. C'est votre faute.
J'ai rêvé que, sur des sommets,
Nous nous promenions côte à côte,
Et vous chantiez, et tu m'aimais.

Mes dix-neuf ans étaient la fête
Qu'en frissonnant je vous offrais;
Vous étiez belle et j'étais bête
Au fond des bois sombres et frais.

Je m'abandonnais aux ivresses;
Au-dessus de mon front vivant
Je voyais fuir les molles tresses
De l'aube, du rêve et du vent.

J'étais ébloui, beau, superbe;
Je voyais des jardins de feu,

Des nids dans l'air, des fleurs dans l'herbe,
Et dans un immense éclair, Dieu.

Mon sang murmurait dans mes tempes
Une chanson que j'entendais;
Les planètes étaient mes lampes;
J'étais archange sous un dais.

Car la jeunesse est admirable,
La joie emplit nos sens hardis;
Et la femme est le divin diable
Qui taquine ce paradis.

Elle tient un fruit qu'elle achève
Et qu'elle mord, ange et tyran;
Ce qu'on nomme la pomme d'Ève,
Tristes cieux! c'est le cœur d'Adam.

J'ai toute la nuit eu la fièvre.
Je vous adorais en dormant;
Le mot amour sur votre lèvre
Faisait un vague flamboiement.

Pareille à la vague où l'œil plonge,
Votre gorge m'apparaissait
Dans une nudité de songe,
Avec une étoile au corset.

Je voyais vos jupes de soie,
Votre beauté, votre blancheur;

J'ai jusqu'à l'aube été la proie
De ce rêve mauvais coucheur.

Vous aviez cet air qui m'enchante ;
Vous me quittiez, vous me preniez ;
Vous changiez d'amours, plus méchante
Que les tigres calomniés.

Nos âmes se sont dénouées,
Et moi, de souffrir j'étais las ;
Je me mourais dans des nuées
Où je t'entendais rire, hélas !

Je me réveille, et ma ressource
C'est de ne plus penser à vous,
Madame, et de fermer la source
Des songes sinistres et doux.

Maintenant, calmé, je regarde,
Pour oublier d'être jaloux,
Un tableau qui dans ma mansarde
Suspend Venise à quatre clous.

C'est un cadre ancien qu'illumine,
Sous de grands arbres, jadis verts,
Un soleil d'assez bonne mine
Quoique un peu mangé par les vers.

Le paysage est plein d'amantes,
Et du vieux sourire effacé

De toutes les femmes charmantes
Et cruelles du temps passé.

Sans les éteindre, les années
Ont couvert de molles pâleurs
Les robes vaguement traînées
Dans de la lumière et des fleurs.

Un bateau passe. Il porte un groupe
Où chante un prélat violet;
L'ombre des branches se découpe
Sur le plafond du tendelet.

A terre, un pâtre, aimé des muses,
Qui n'a que la peau sur les os,
Regarde des choses confuses
Dans le profond ciel, plein d'oiseaux.

XXI

L'OUBLI

Autrefois inséparables,
Et maintenant séparés.
Gaie, elle court dans les prés,
La belle aux chants adorables;

La belle aux chants adorés,
Elle court dans la prairie;
Les bois pleins de rêverie
De ses yeux sont éclairés.

Apparition exquise!
Elle marche en soupirant,
Avec cet air conquérant
Qu'on a quand on est conquise.

La Toilette, cet esprit,
Cette déesse grisette,

Qu'adore en chantant Lisette,
A qui Minerve sourit,

Pour la faire encor plus belle
Que ne l'avait faite Dieu,
Pour que le vague oiseau bleu
Sur son front batte de l'aile,

A sur cet ange câlin
Épuisé toute sa flore,
Les lys, les roses, l'aurore,
Et la maison Gagelin.

Soubrette divine et leste,
La Toilette au doigt tremblant
A mis un frais chapeau blanc
Sur ce flamboiement céleste.

Regardez-la maintenant.
Que cette belle est superbe !
Le cœur humain comme l'herbe
Autour d'elle est frissonnant.

Oh ! la fière conquérante !
Le grand œil mystérieux !
Prévost craint pour Desgrieux,
Molière a peur pour Dorante.

Elle a l'air, dans la clarté
Dont elle est toute trempée ;

D'une étincelle échappée
A l'idéale beauté.

O grâce surnaturelle!
Il suffit, pour qu'on soit fou,
Qu'elle ait un ruban au cou,
Qu'elle ait un chiffon sur elle.

Ce chiffon charmant soudain
Aux rayons du jour ressemble,
Et ce ruban sacré semble
Avoir fleuri dans l'Éden.

Elle serait bien fâchée
Qu'on ne vît pas dans ses yeux
Que de la coupe des cieux
Sa lèvre s'est approchée,

Qu'elle veut vaincre et charmer,
Et que c'est là sa manière,
Et qu'elle est la prisonnière
Du doux caprice d'aimer.

Elle sourit, et, joyeuse,
Parle à son nouvel amant
Avec le chuchotement
D'une abeille dans l'yeuse.

— Prends mon âme et mes vingt ans.
Je n'aime que toi! dit-elle. —

O fille d'Ève éternelle,
O femme aux cheveux flottants,

Ton roman sans fin s'allonge;
Pendant qu'aux plaisirs tu cours,
Et que, te croyant toujours
Au commencement du songe,

Tu dis en baissant la voix :
— Pour la première fois, j'aime! —
L'amour, ce moqueur suprême,
Rit, et compte sur ses doigts.

Et, sans troubler l'aventure
De la belle aux cheveux d'or,
Sur ce cœur, si neuf encor,
L'amour fait une rature.

Et l'ancien amant? Pâli,
Brisé, sans doute à cette heure
Il se désespère et pleure... —
Écoutez ce hallali.

Passez les monts et les plaines;
La curée est dans les bois;
Les chiens mêlent leurs abois,
Les fleurs mêlent leurs haleines;

Le voyez-vous? Le voilà.
Il est le centre. Il flamboie.

Il luit. Jamais plus de joie
Dans plus d'orgueil ne brilla.

Il brille au milieu des femmes,
Tous les yeux lui disant oui,
Comme un astre épanoui
Dans un triomphe de flammes.

Il cherche en face de lui
Un sourire peu sévère,
Il chante, il lève son verre,
Éblouissant, ébloui.

Tandis que ces gaîtés franches
Tourbillonnent à sa voix,
Elle, celle d'autrefois,
Là-bas, bien loin, sous les branches,

Dans les taillis hasardeux,
Aime, adore, se recueille,
Et, près de l'autre, elle effeuille
Une marguerite à deux.

Fatal cœur, comme tu changes!
Lui sans elle, elle sans lui!
Et sur leurs fronts sans ennui
Ils ont la clarté des anges.

Le séraphin à l'œil pur
Les verrait avec envie,

Tant à leur âme ravie
Se mêle un profond azur!

Sur ces deux bouches il semble
Que le ciel met son frisson;
Sur l'une erre la chanson,
Sur l'autre le baiser tremble.

Ces êtres s'aimaient jadis;
Mais qui viendrait le leur dire
Ferait éclater de rire
Ces bouches du paradis.

Les baisers de l'autre année,
Où sont-ils? Quoi! nul remord!
Non! tout cet avril est mort,
Toute cette aube est fanée.

Bah! le baiser, le serment,
Rien de tout cela n'existe.
Le myosotis, tout triste,
Y perdrait son allemand.

Elle! à travers ses longs voiles,
Que son regard est charmant!
Lui! comme il jette gaîment
Sa chanson dans les étoiles!

Qu'elle est belle! Qu'il est beau! —
Le morne oubli prend dans l'ombre,
Par degrés, l'épaisseur sombre
De la pierre du tombeau.

LIVRE SECOND

—

SAGESSE

I

AMA, CREDE

I

DE LA FEMME AU CIEL

L'âme a des étapes profondes.
On se laisse d'abord charmer,
Puis convaincre. Ce sont deux mondes.
Comprendre est au delà d'aimer.

Aimer, comprendre : c'est le faîte.
Le Cœur, cet oiseau du vallon,
Sur le premier degré s'arrête ;
L'Esprit vole à l'autre échelon.

A l'amant succède l'archange ;
Le baiser, puis le firmament ;

Le point d'obscurité se change
En un point de rayonnement.

Mets de l'amour sur cette terre
Dans les vains brins d'herbe flottants,
Cette herbe devient, ô mystère !
Le nid sombre au fond du printemps.

Ajoute, en écartant son voile,
De la lumière au nid béni,
Et le nid deviendra l'étoile
Dans la forêt de l'infini.

II

L'ÉGLISE

I

J'errais. Que de charmantes choses !
Il avait plu ; j'étais crotté ;
Mais puisque j'ai vu tant de roses,
Je dois dire la vérité.

J'arrivai tout près d'une église,
De la verte église au bon Dieu,
Où qui voyage sans valise
Écoute chanter l'oiseau bleu.

C'était l'église en fleurs, bâtie
Sans pierre, au fond du bois mouvant,
Par l'aubépine et par l'ortie
Avec des feuilles et du vent.

Le porche était fait de deux branches
D'une broussaille et d'un buisson ;
La voussure, toute en pervenches,
Était signée : Avril, maçon.

Dans cette vive architecture,
Ravissante aux yeux attendris,
On sentait l'art de la nature ;
On comprenait que la perdrix,

Que l'alouette et que la grive
Avaient donné de bons avis
Sur la courbure de l'ogive,
Et que Dieu les avait suivis.

Une haute rose trémière
Dressait sur le toit de chardons
Ses cloches pleines de lumière
Où carillonnaient les bourdons.

Cette flèche gardait l'entrée ;
Derrière on voyait s'ébaucher
Une digitale pourprée,
Le clocheton près du clocher.

Seul sous une pierre, un cloporte
Songeait, comme Jean à Pathmos ;
Un lys s'ouvrait près de la porte
Et tenait les fonts baptismaux.

Au centre où la mousse s'amasse,
L'autel, un caillou, rayonnait,
Lamé d'argent par la limace
Et brodé d'or par le genêt.

Un escalier de fleurs ouvertes,
Tordu dans le style saxon,
Copiait ses spirales vertes
Sur le dos d'un colimaçon.

Un cytise en pleine révolte,
Troublant l'ordre, étouffant l'écho,
Encombrait toute l'archivolte
D'un grand falbala rococo.

En regardant par la croisée,
O joie ! on sentait là quelqu'un.
L'eau bénite était en rosée,
Et l'encens était en parfum.

Les rayons à leur arrivée,
Et les gais zéphirs querelleurs,
Allaient de travée en travée
Baiser le front penché des fleurs.

Toute la nef, d'aube baignée,
Palpitait d'extase et d'émoi.
— Ami, me dit une araignée,
La grande rosace est de moi.

II

Tout était d'accord dans les plaines,
Tout était d'accord dans les bois
Avec la douceur des haleines,
Avec le mystère des voix.

Tout aimait; tout faisait la paire.
L'arbre à la fleur disait : Nini;
Le mouton disait : Notre Père,
Que votre sainfoin soit béni!

Les abeilles dans l'anémone
Mendiaient, essaim diligent;
Le printemps leur faisait l'aumône
Dans une corbeille d'argent.

Et l'on mariait dans l'église,
Sous le myrte et le haricot,
Un œillet nommé Cydalise
Avec un chou nommé Jacquot.

Un bon vieux pommier solitaire
Semait ses fleurs, tout triomphant,
Et j'aimais, dans ce frais mystère,
Cette gaîté de vieil enfant.

Au lutrin chantaient, couple allègre,
Pour des auditeurs point ingrats,

Le cricri, ce poète maigre,
Et l'ortolan, ce chantre gras.

Un vif pierrot, de tige en tige,
Sautait là, comme en son jardin ;
Je suivais des yeux la voltige
Qu'exécutait ce baladin,

Ainsi qu'aux temps où Notre-Dame,
Pour célébrer n'importe qui,
Faisait sur ses tours, comme une âme,
Envoler madame Saqui.

Un beau papillon dans sa chape
Officiait superbement.
Une rose riait sous cape
Avec un frelon son amant.

Et, du fond des molles cellules,
Les jardinières, les fourmis,
Les frémissantes libellules,
Les demoiselles, chastes miss,

Les mouches aux ailes de crêpes
Admiraient près de la Phryné
Ce frelon, officier des guêpes,
Coiffé d'un képi galonné.

Cachés par une primevère,
Une caille, un merle siffleur,

Buvaient tous deux au même verre
Dans une belladone en fleur.

Pensif, j'observais en silence,
Car un cœur n'a jamais aimé
Sans remarquer la ressemblance
De l'amour et du mois de mai.

III

Les clochettes sonnaient la messe.
Tout ce petit temple béni
Faisait à l'âme une promesse
Que garantissait l'infini.

J'entendais, en strophes discrètes,
Monter, sous un frais corridor,
Le Te Deum des pâquerettes,
Et l'hosanna des boutons d'or.

Les mille feuilles que l'air froisse
Formaient le mur tremblant et doux,
Et je reconnus ma paroisse;
Et j'y vis mon rêve à genoux.

J'y vis près de l'autel, derrière
Les résédas et les jasmins,
Les songes faisant leur prière,
L'espérance joignant les mains.

J'y vis mes bonheurs éphémères,
Les blancs spectres de mes beaux jours,
Parmi les oiseaux mes chimères,
Parmi les roses mes amours.

IV

Un grand houx, de forme incivile,
Du haut de sa fauve beauté,
Regardait mon habit de ville;
Il était fleuri, moi crotté;

J'étais crotté jusqu'à l'échine.
Le houx ressemblait au chardon
Que fait brouter l'ânier de Chine
A son âne de céladon.

Un bon crapaud faisait la lippe
Près d'un champignon malfaisant.
La chaire était une tulipe
Qu'illuminait un ver luisant.

Au seuil priait cette grisette
A l'air doucement fanfaron,
Qu'à Paris on nomme Lisette,
Qu'aux champs on nomme Liseron.

Un grimpereau, cherchant à boire,
Vit un arum, parmi le thym,

Qui dans sa feuille, blanc ciboire,
Cachait la perle du matin ;

Son bec, dans cette vasque ronde,
Prit la goutte d'eau qui brilla ;
La plus belle feuille du monde
Ne peut donner que ce qu'elle a.

Les chenilles peuplaient les ombres ;
L'enfant de cœur Coquelicot
Regardait ces fileuses sombres
Faire dans un coin leur tricot.

Les joncs, que coudoyait sans morgue
La violette, humble prélat,
Attendaient, pour jouer de l'orgue,
Qu'un bouc ou qu'un moine bêlât.

Au fond s'ouvrait une chapelle
Qu'on évitait avec horreur ;
C'est là qu'habite avec sa pelle
Le noir scarabée enterreur.

Mon pas troubla l'église fée ;
Je m'aperçus qu'on m'écoutait.
L'églantine dit : C'est Orphée.
La ronce dit : C'est Colletet.

III

SAISON DES SEMAILLES. LE SOIR

C'est le moment crépusculaire.
J'admire, assis sous un portail,
Ce reste de jour dont s'éclaire
La dernière heure du travail.

Dans les terres, de nuit baignées,
Je contemple, ému, les haillons
D'un vieillard qui jette à poignées
La moisson future aux sillons.

Sa haute silhouette noire
Domine les profonds labours.
On sent à quel point il doit croire
A la fuite utile des jours.

Il marche dans la plaine immense,
Va, vient, lance la graine au loin,

Rouvre sa main, et recommence,
Et je médite, obscur témoin,

Pendant que, déployant ses voiles,
L'ombre, où se mêle une rumeur,
Semble élargir jusqu'aux étoiles
Le geste auguste du semeur.

II

OISEAUX ET ENFANTS

I

Oh! les charmants oiseaux joyeux!
Comme ils maraudent! comme ils pillent!
Où va ce tas de petits gueux
Que tous les souffles éparpillent?

Ils s'en vont au clair firmament;
Leur voix raille, leur bec lutine;
Ils font rire éternellement
La grande nature enfantine.

Ils vont aux bois, ils vont aux champs,
A nos toits remplis de mensonges,

Avec des cris, avec des chants,
Passant, fuyant, pareils aux songes.

Comme ils sont près du Dieu vivant
Et de l'aurore fraîche et douce,
Ces gais bohémiens du vent
N'amassent rien qu'un peu de mousse.

Toute la terre est sous leurs yeux ;
Dieu met, pour ces purs êtres frêles,
Un triomphe mystérieux
Dans la légèreté des ailes.

Atteignent-ils les astres ? Non.
Mais ils montent jusqu'aux nuages.
Vers le rêveur, leur compagnon,
Ils vont, familiers et sauvages.

La grâce est tout leur mouvement,
La volupté toute leur vie ;
Pendant qu'ils volent vaguement
La feuillée immense est ravie.

L'oiseau va moins haut que Psyché.
C'est l'ivresse dans la nuée.
Vénus semble l'avoir lâché
De sa ceinture dénouée.

Il habite le demi-jour ;
Le plaisir est sa loi secrète.

C'est du temple que sort l'amour,
C'est du nid que vient l'amourette.

L'oiseau s'enfuit dans l'infini
Et s'y perd comme un son de lyre.
Avec sa queue il dit nenni
Comme Jeanne avec son sourire.

Que lui faut-il? un réséda,
Un myrte, une ombre, une cachette.
Esprit, tu voudrais Velléda;
Oiseau, tu chercherais Fanchette.

Colibri, comme Ithuriel,
Appartient à la zone bleue.
L'ange est de la cité du ciel;
Les oiseaux sont de la banlieue.

II

UNE ALCOVE AU SOLEIL LEVANT

L'humble chambre a l'air de sourire ;
Un bouquet orne un vieux bahut ;
Cet intérieur ferait dire
Aux prêtres : Paix ! aux femmes : Chut !

Au fond une alcôve se creuse.
Personne. On n'entre ni ne sort.
Surveillance mystérieuse !
L'aube regarde : un enfant dort.

Une petite en ce coin sombre
Était là dans un berceau blanc,
Ayant je ne sais quoi dans l'ombre
De confiant et de tremblant.

Elle étreignait dans sa main calme
Un grelot d'argent qui penchait ;

L'innocence au ciel tient la palme
Et sur la terre le hochet.

Comme elle sommeille ! Elle ignore
Le bien, le mal, le cœur, les sens.
Son rêve est un sentier d'aurore
Dont les anges sont les passants.

Son bras, par instants, sans secousse,
Se déplace, charmant et pur ;
Sa respiration est douce
Comme une mouche dans l'azur.

Le regard de l'aube la couvre ;
Rien n'est auguste et triomphant
Comme cet œil de Dieu qui s'ouvre
Sur les yeux fermés de l'enfant.

III

COMÉDIE DANS LES FEUILLES

Au fond du parc qui se délabre,
Vieux, désert, mais encor charmant
Quand la lune, obscur candélabre,
S'allume en son écroulement,

Un moineau-franc, que rien ne gêne,
A son grenier, tout grand ouvert,
Au cinquième étage d'un chêne
Qu'avril vient de repeindre en vert.

Un saule pleureur se hasarde
A gémir sur le doux gazon,
A quelques pas de la mansarde
Où ricane ce polisson.

Ce saule ruisselant se penche ;
Un petit lac est à ses pieds,

Où tous ses rameaux, branche à branche,
Sont correctement copiés.

Tout en visitant sa coquine
Dans le nid par l'aube doré,
L'oiseau rit du saule, et taquine
Ce bon vieux lakiste éploré.

Il crie à toutes les oiselles
Qu'il voit dans les feuilles sautant :
— Venez donc voir, mesdemoiselles !
Ce saule a pleuré cet étang.

Il s'abat dans son tintamarre
Sur le lac qu'il ose insulter :
— Est-elle bête cette mare !
Elle ne sait que répéter.

O mare, tu n'es qu'une ornière,
Tu rabâches ton saule. Allons,
Change donc un peu de manière.
Ces vieux rameaux-là sont très-longs.

Ta géorgique n'est pas drôle.
Sous prétexte qu'on est miroir,
Nous faire le matin un saule
Pour nous le refaire le soir !

C'est classique, cela m'assomme.
Je préférerais qu'on se tût.

Çà, ton bon saule est un bonhomme ;
Les saules sont de l'institut.

Je vois d'ici bâiller la truite.
Mare, c'est triste, et je t'en veux
D'être échevelée à la suite
D'un vieux qui n'a plus de cheveux.

Invente-nous donc quelque chose !
Calque, mais avec abandon.
Je suis fille, fais une rose,
Je suis âne, fais un chardon.

Aie une idée, un iris jaune,
Un bleu nénuphar triomphant !
Sapristie ! il est temps qu'un faune
Fasse à ta naïade un enfant. —

Puis il s'adresse à la linotte :
— Vois-tu, ce saule, en ce beau lieu,
A pour état de prendre en note
Le diable à côté du bon Dieu.

De là son deuil. Il est possible
Que tout soit mal, ô ma catin ;
L'oiseau sert à l'homme de cible,
L'homme sert de cible au destin ;

Mais moi, j'aime mieux, sans envie,
Errer de bosquet en bosquet,

Corbleu, que de passer ma vie
A remplir de pleurs un baquet! —

Le saule à la morne posture,
Noir comme le bois des gibets,
Se tait, et la mère nature
Sourit dans l'ombre aux quolibets

Que jette, à travers les vieux marbres,
Les quinconces, les buis, les eaux,
A cet Héraclite des arbres
Ce Démocrite des oiseaux.

IV

Les enfants lisent, troupe blonde ;
Ils épellent, je les entends ;
Et le maître d'école gronde
Dans la lumière du printemps.

J'aperçois l'école entr'ouverte ;
Et je rôde au bord des marais ;
Toute la grande saison verte
Frissonne au loin dans les forêts.

Tout rit, tout chante ; c'est la fête
De l'infini que nous voyons ;
La beauté des fleurs semble faite
Avec la candeur des rayons.

J'épelle aussi, moi ; je me penche
Sur l'immense livre joyeux ;

O champs, quel vers que la pervenche !
Quelle strophe que l'aigle, ô cieux !

Mais, mystère ! rien n'est sans tache.
Rien ! — Qui peut dire par quels nœuds
La végétation rattache
Le lys chaste au chardon hargneux ?

Tandis que là-bas siffle un merle,
La sarcelle, des roseaux plats,
Sort, ayant au bec une perle ;
Cette perle agonise, hélas !

C'est le poisson qui, tout à l'heure,
Poursuivait l'aragne, courant
Sur sa bleue et vague demeure,
Sinistre monde transparent.

Un coup de fusil dans la haie,
Abois d'un chien ; c'est le chasseur.
Et, pensif, je sens une plaie
Parmi toute cette douceur.

Et, sous l'herbe pressant la fange,
Triste passant de ce beau lieu,
Je songe au mal, énigme étrange,
Faute d'orthographe de Dieu.

III

LIBERTÉ, ÉGALITÉ, FRATERNITÉ

―――

I

Depuis six mille ans la guerre
Plaît aux peuples querelleurs,
Et Dieu perd son temps à faire
Les étoiles et les fleurs.

Les conseils du ciel immense,
Du lys pur, du nid doré,
N'ôtent aucune démence
Du cœur de l'homme effaré.

Les carnages, les victoires,
Voilà notre grand amour;
Et les multitudes noires
Ont pour grelot le tambour.

La gloire, sous ses chimères
Et sous ses chars triomphants,
Met toutes les pauvres mères
Et tous les petits enfants.

Notre bonheur est farouche;
C'est de dire : Allons! mourons!
Et c'est d'avoir à la bouche
La salive des clairons.

L'acier luit, les bivouacs fument;
Pâles, nous nous déchaînons;
Les sombres âmes s'allument
Aux lumières des canons.

Et cela pour des altesses
Qui, vous à peine enterrés,
Se feront des politesses
Pendant que vous pourrirez,

Et que, dans le champ funeste,
Les chacals et les oiseaux,
Hideux, iront voir s'il reste
De la chair après vos os!

Aucun peuple ne tolère
Qu'un autre vive à côté;
Et l'on souffle la colère
Dans notre imbécillité.

C'est un Russe! Égorge, assomme.
Un Croate! Feu roulant.
C'est juste. Pourquoi cet homme
Avait-il un habit blanc?

Celui-ci, je le supprime
Et m'en vais, le cœur serein,
Puisqu'il a commis le crime
De naître à droite du Rhin.

Rosbach! Waterloo! Vengeance!
L'homme, ivre d'un affreux bruit,
N'a plus d'autre intelligence
Que le massacre et la nuit.

On pourrait boire aux fontaines,
Prier dans l'ombre à genoux,
Aimer, songer sous les chênes ;
Tuer son frère est plus doux.

On se hache, on se harponne,
On court par monts et par vaux ;
L'épouvante se cramponne
Du poing aux crins des chevaux.

Et l'aube est là sur la plaine!
Oh! j'admire, en vérité,
Qu'on puisse avoir de la haine
Quand l'alouette a chanté.

II

LE VRAI DANS LE VIN

Jean Sévère était fort ivre.
O barrière! ô lieu divin
Où Suresne nous délivre
Avec l'azur de son vin!

Un faune habitant d'un antre,
Sous les pampres de l'été,
Aurait approuvé son ventre
Et vénéré sa gaîté.

Il était beau de l'entendre.
On voit, quand cet homme rit,
Chacun des convives tendre
Comme un verre son esprit.

A travers les mille choses
Qu'on dit parmi les chansons,
Tandis qu'errent sous les roses
Les filles et les garçons,

On parla d'une bataille ;
Deux peuples, russe et prussien,
Sont hachés par la mitraille ;
Les deux rois se portent bien.

Chacun de ces deux bons princes
(De là tous leurs différends)
Trouve ses États trop minces
Et ceux du voisin trop grands.

Les peuples, eux, sont candides ;
Tout se termine à leur gré
Par un dôme d'Invalides
Plein d'infirmes et doré.

Les rois font pour la victoire
Un hospice, où le guerrier
Ira boiter dans la gloire,
Borgne et coiffé d'un laurier.

Nous admirions ; mais, farouche,
En nous voyant tous béats,
Jean Sévère ouvrit la bouche
Et dit ces alinéas :

« Le pauvre genre humain pleure,
« Nos pas sont tremblants et courts,
« Je suis très-ivre, et c'est l'heure
« De faire un sage discours.

« Le penseur joint sous la treille
« La logique à la boisson ;
« Le sage, après la bouteille,
« Doit déboucher la raison.

« Faire, au lieu des deux armées,
« Battre les deux généraux,
« Diminuerait les fumées
« Et grandirait les héros.

« Que me sert le dithyrambe
« Qu'on va chantant devant eux,
« Et que Dieu m'ait fait ingambe
« Si les rois me font boiteux ?

« Ils ne me connaissent guère
« S'ils pensent qu'il me suffit
« D'avoir les coups de la guerre
« Quand ils en ont le profit.

« Foin des beaux portails de marbre
« De la Flèche et de Saint-Cyr !
« Lorsqu'avril fait pousser l'arbre,
« Je n'éprouve aucun plaisir,

« En voyant la branche, où flambe
« L'aurore qui m'éveilla,
« A dire : « C'est une jambe
« Peut-être qui me vient là ! »

« L'invalide altier se traîne,
« Du poids d'un bras déchargé ;
« Mais moi je n'ai nulle haine
« Pour tous les membres que j'ai.

« Recevoir des coups de sabre,
« Choir sous les pieds furieux
« D'un escadron qui se cabre,
« C'est charmant ; boire vaut mieux.

« Plutôt gambader sur l'herbe
« Que d'être criblé de plomb !
« Le nez coupé, c'est superbe ;
« J'aime autant mon nez trop long.

« Décoré par mon monarque,
« Je m'en reviens, ébloui,
« Mais bancal, et je remarque
« Qu'il a ses deux pattes, lui.

« Manchot, fier, l'hymen m'attire ;
« Je vois celle qui me plaît
« En lorgner d'autres et dire :
« Je l'aimerais mieux complet. »

« Fils, c'est vrai, je ne savoure
« Qu'en douteur voltairien
« Cet effet de ma bravoure
« De n'être plus bon à rien.

« La jambe de bois est noire ;
« La guerre est un dur sentier ;
« Quant à ce qu'on nomme gloire,
« La gloire, c'est d'être entier.

« L'infirme adosse son râble
« En trébuchant, aux piliers ;
« C'est une chose admirable,
« Fils, que d'user deux souliers.

« Fils, j'aimerais que mon prince,
« En qui je mets mon orgueil,
« Pût gagner une province
« Sans me faire perdre un œil.

« Un discours de cette espèce
« Sortant de mon hiatus,
« Prouve que la langue épaisse
« Ne fait pas l'esprit obtus. »

Ainsi parla Jean Sévère,
Ayant dans son cœur sans fiel
La justice, et dans son verre
Un vin bleu comme le ciel.

L'ivresse mit dans sa tête
Ce bon sens qu'il nous versa.
Quelquefois Silène prête
Son âne à Sancho Pança.

III

CÉLÉBRATION DU 14 JUILLET

DANS LA FORÊT

Qu'il est joyeux aujourd'hui
Le chêne aux rameaux sans nombre,
Mystérieux point d'appui
De toute la forêt sombre !

Comme quand nous triomphons,
Il frémit, l'arbre civique ;
Il répand à plis profonds
Sa grande ombre magnifique.

D'où lui vient cette gaîté ?
D'où vient qu'il vibre et se dresse,
Et semble faire à l'été
Une plus fière caresse ?

C'est le quatorze juillet.
A pareil jour, sur la terre

La liberté s'éveillait
Et riait dans le tonnerre.

Peuple, à pareil jour râlait
Le passé, ce noir pirate ;
Paris prenait au collet
La Bastille scélérate.

A pareil jour, un décret
Chassait la nuit de la France,
Et l'infini s'éclairait
Du côté de l'espérance.

Tous les ans, à pareil jour,
Le chêne au Dieu qui nous crée
Envoie un frisson d'amour,
Et rit à l'aube sacrée.

Il se souvient, tout joyeux.
Comme on lui prenait ses branches !
L'âme humaine dans les cieux
Fière, ouvrait ses ailes blanches.

Car le vieux chêne est gaulois :
Il hait la nuit et le cloître ;
Il ne sait pas d'autres lois
Que d'être grand et de croître.

Il est grec, il est romain ;
Sa cime monte, âpre et noire,

Au-dessus du genre humain
Dans une lueur de gloire.

Sa feuille, chère aux soldats,
Va, sans peur et sans reproche,
Du front d'Épaminondas
A l'uniforme de Hoche.

Il est le vieillard des bois;
Il a, richesse de l'âge,
Dans sa racine Autrefois,
Et Demain dans son feuillage.

Les rayons, les vents, les eaux,
Tremblent dans toutes ses fibres;
Comme il a besoin d'oiseaux,
Il aime les peuples libres.

C'est son jour. Il est content.
C'est l'immense anniversaire.
Paris était haletant.
La lumière était sincère.

Au loin roulait le tambour... —
Jour béni! jour populaire,
Où l'on vit un chant d'amour
Sortir d'un cri de colère!

Il tressaille, aux vents bercé,
Colosse où dans l'ombre austère

L'avenir et le passé
Mêlent leur double mystère.

Les éclipses, s'il en est,
Ce vieux naïf les ignore.
Il sait que tout ce qui naît,
L'œuf muet, le vent sonore,

Le nid rempli de bonheur,
La fleur sortant des décombres,
Est la parole d'honneur
Que Dieu donne aux vivants sombres.

Il sait, calme et souriant,
Sérénité formidable!
Qu'un peuple est un orient,
Et que l'astre est imperdable.

Il me salue en passant
L'arbre auguste et centenaire;
Et dans le bois innocent
Qui chante et que je vénère,

Étalant mille couleurs,
Autour du chêne superbe
Toutes les petites fleurs
Font leur toilette dans l'herbe.

L'aurore aux pavots dormants
Verse sa coupe enchantée;

Le lys met ses diamants;
La rose est décolletée.

Par-dessus les thyms fleuris
La violette regarde;
Un encens sort de l'iris;
L'œillet semble une cocarde.

Aux chenilles de velours
Le jasmin tend ses aiguières;
L'arum conte ses amours
Et la garance ses guerres.

Le moineau-franc, gai, taquin,
Dans le houx qui se pavoise,
D'un refrain républicain
Orne sa chanson grivoise.

L'ajonc rit près du chemin;
Tous les buissons des ravines
Ont leur bouquet à la main;
L'air est plein de voix divines.

Et ce doux monde charmant,
Heureux sous le ciel prospère,
Épanoui, dit gaîment :
C'est la fête du grand-père.

IV

SOUVENIR DES VIEILLES GUERRES

Pour la France et la république,
En Navarre nous nous battions.
Là parfois la balle est oblique;
Tous les rocs sont des bastions.

Notre chef, une barbe grise,
Le capitaine, était tombé,
Ayant reçu près d'une église
Le coup de fusil d'un abbé.

La blessure parut malsaine.
C'était un vieux et fier garçon.
En France, à Marine-sur-Seine.
On peut voir encor sa maison.

On emporta le capitaine
Dont on sentait plier les os;

On l'assit près d'une fontaine
D'où s'envolèrent les oiseaux.

Nous lui criâmes : — Guerre! fête!
Forçons le camp! prenons le fort! —
Mais il laissa pencher sa tête,
Et nous vîmes qu'il était mort.

L'aide-major avec sa trousse
N'y put rien faire et s'en alla ;
Nous ramassâmes de la mousse;
De grands vieux chênes étaient là.

On fit au mort une jonchée
De fleurs et de branches de houx;
Sa bouche n'était point fâchée,
Son œil intrépide était doux.

L'abbé fut pris. — Qu'on nous l'amène!
Qu'il meure! — On forma le carré;
Mais on vit que le capitaine
Voulait faire grâce au curé.

On chassa du pied le jésuite;
Et le mort semblait dire : Assez!
Quoiqu'il dût regretter la suite
De nos grands combats commencés.

Il avait sans doute à Marine
Quelques bons vieux amours tremblants;

Nous trouvâmes sur sa poitrine
Une boucle de cheveux blancs.

Une fosse lui fut creusée
A la baïonnette, en priant;
Puis on laissa sous la rosée
Dormir ce brave souriant.

Le bataillon reprit sa marche,
A la brune, entre chien et loup;
Nous marchions. Les ponts n'ont qu'une arche.
Des pâtres au loin sont debout.

La montagne est assez maussade;
La nuit est froide et le jour chaud;
Et l'on rencontre l'embrassade
Des grands ours de huit pieds de haut.

L'homme en ces monts naît trabucaire;
Prendre et pendre est tout l'alphabet;
Et tout se règle avec l'équerre
Que font les deux bras du gibet.

On est bandit en paix, en guerre
On s'appelle guerillero.
Le peuple au roi laisse tout faire;
Cet ânier mène ce taureau.

Dans les ravins, dans les rigoles
Que creusent les eaux et les ans,

De longues files d'espingoles
Rampaient comme des vers luisants.

Nous tenions tous nos armes prêtes
A cause des piéges du soir ;
Le croissant brillait sur nos têtes.
Et nous, pensifs, nous croyions voir,

Tout en cheminant dans la plaine
Vers Pampelune et Teruel,
Le hausse-col du capitaine
Qui reparaissait dans le ciel.

V

L'ASCENSION HUMAINE

Tandis qu'au loin des nuées,
Qui semblent des paradis,
Dans le bleu sont remuées,
Je t'écoute, et tu me dis :

« Quelle idée as tu de l'homme,
« De croire qu'il aide Dieu ?
« L'homme est-il donc l'économe
« De l'eau, de l'air et du feu ?

« Est-ce que, dans son armoire,
« Tu l'aurais vu de tes yeux
« Serrer les rouleaux de moire
« Que l'aube déploie aux cieux ?

« Est-ce lui qui gonfle et ride
« La vague, et lui dit : Assez !

« Est-ce lui qui tient la bride
« Des éléments hérissés ?

« Sait-il le secret de l'herbe ?
« Parle-t-il au nid vivant ?
« Met-il sa note superbe
« Dans le noir clairon du vent ?

« La marée âpre et sonore
« Craint-elle son éperon ?
« Connaît-il le météore ?
« Comprend-il le moucheron ?

« L'homme aider Dieu ! lui, ce songe,
« Ce spectre en fuite et tremblant !
« Est-ce grâce à son éponge
« Que le cygne reste blanc ?

« Le fait veut, l'homme acquiesce.
« Je ne vois pas que sa main
« Découpe à l'emporte-pièce
« Les pétales du jasmin.

« Donne-t-il l'odeur aux sauges,
« Parce qu'il sait faire un trou
« Pour mêler le grès des Vosges
« Au salpêtre du Pérou ?

« Règle-t-il l'onde et la brise,
« Parce qu'il disséquera

« De l'argile qu'il a prise
« Près de Rio-Madera?

« Ote Dieu; puis imagine,
« Essaie, invente; épaissis
« L'idéal subtil d'Égine
« Par les dogmes d'Éleusis;

« Soude Orphée à Lamettrie;
« Joins, pour ne pas être à court,
« L'école d'Alexandrie
« A l'école d'Édimbourg;

« Va du conclave au concile,
« D'Anaximandre à Destutt;
« Dans quelque cuve fossile
« Exprime tout l'institut;

« Démaillotte la momie;
« Presse Œdipe et Montyon;
« Mets en pleine académie
« Le sphinx à la question;

« Fouille le doute et la grâce;
« Amalgame en ton guano
« A la Sybaris d'Horace
« Les Chartreux de saint Bruno;

« Combine Genève et Rome;
« Fais mettre par ton fermier

« Toutes les vertus de l'homme
« Dans une fosse à fumier;

« Travaille avec patience
« En puisant au monde entier;
« Prends pour pilon la science
« Et l'abîme pour mortier ;

« Va, forge! je te défie
« De faire de ton savoir
« Et de ta philosophie
« Sortir un grain de blé noir!

« Dieu, de sa droite, étreint, fauche,
« Sème, et tout est rajeuni;
« L'homme n'est qu'une main gauche
« Tâtonnant dans l'infini.

« Aux heures mystérieuses,
« Quand l'eau se change en miroir,
« Rôdes-tu sous les yeuses,
« L'esprit plongé dans le soir?

« Te dis-tu : — Qu'est-ce que l'homme? —
« Sonde, ami, sa nullité;
« Cherche, de quel chiffre, en somme,
« Il accroît l'éternité!

« L'homme est vain. Pourquoi, poète,
« Ne pas le voir tel qu'il est,

« Dans le sépulcre squelette,
« Et sur la terre valet !

« L'homme est nu, stérile, blême,
« Plus frêle qu'un passereau ;
« C'est le puits du néant même
« Qui s'ouvre dans ce zéro.

« Va, Dieu crée et développe
« Un lion très-réussi,
« Un bélier, une antilope,
« Sans le concours de Poissy.

« Il fait l'aile de la mouche
« Du doigt dont il façonna
« L'immense taureau farouche
« De la Sierra Morena ;

« Et dans l'herbe et la rosée
« Sa génisse au fier sabot
« Règne, et n'est point éclipsée
« Par la vache Sarlabot.

« Oui, la graine dans l'espace
« Vole à travers le brouillard,
« Et de toi le vent se passe,
« Semoir Jacquet-Robillard !

« Ce laboureur, la tempête,
« N'a pas, dans les gouffres noirs,

« Besoin que Grignon lui prête
« Sa charrue à trois versoirs.

« Germinal, dans l'atmosphère,
« Soufflant sur les prés fleuris,
« Sait encor mieux son affaire
« Qu'un maraîcher de Paris.

« Quand Dieu veut teindre de flamme
« Le scarabée ou la fleur,
« Je ne vois point qu'il réclame
« La lampe de l'émailleur.

« L'homme peut se croire prêtre,
« L'homme peut se dire roi,
« Je lui laisse son peut-être,
« Mais je doute, quant à moi,

« Que Dieu, qui met mon image
« Au lac où je prends mon bain,
« Fasse faire l'étamage
« Des étangs, à Saint-Gobain.

« Quand Dieu pose sur l'eau sombre
« L'arc-en-ciel comme un siphon,
« Quand au tourbillon plein d'ombre
« Il attelle le typhon.

« Quand il maintient d'âge en âge
« L'hiver, l'été, mai vermeil,

« Janvier triste, et l'engrenage
« De l'astre autour du soleil,

« Quand les zodiaques roulent,
« Amarrés solidement,
« Sans que jamais elles croulent,
« Aux poutres du firmament,

« Quand tournent, rentrent et sortent
« Ces effrayants cabestans
« Dont les extrémités portent
« Le ciel, les saisons, le temps ;

« Pour combiner ces rouages
« Précis comme l'absolu,
« Pour que l'urne des nuages
« Bascule au moment voulu,

« Pour que la planète passe,
« Tel jour, au point indiqué,
« Pour que la mer ne s'amasse
« Que jusqu'à l'ourlet du quai,

« Pour que jamais la comète
« Ne rencontre un univers,
« Pour que l'essaim sur l'Hymète
« Trouve en juin les lys ouverts,

« Pour que jamais, quand approche
« L'heure obscure où l'azur luit,

« Une étoile ne s'accroche
« A quelque angle de la nuit,

« Pour que jamais les effluves,
« Les forces, le gaz, l'aimant,
« Ne manquent aux vastes cuves
« De l'éternel mouvement,

« Pour régler ce jeu sublime,
« Cet équilibre béni,
« Ces balancements d'abîme,
« Ces écluses d'infini,

« Pour que, courbée ou grandie,
« L'œuvre marche sans un pli,
« Je crois peu qu'il étudie
« La machine de Marly ! »

Ton ironie est amère,
Mais elle se trompe, ami.
Dieu compte avec l'éphémère,
Et s'appuie à la fourmi.

Dieu n'a rien fait d'inutile.
La terre, hymne où rien n'est vain,
Chante, et l'homme est le dactyle
De l'hexamètre divin.

L'homme et Dieu sont parallèles :
Dieu créant, l'homme inventant.

Dieu donne à l'homme ses ailes.
L'éternité fait l'instant.

L'homme est son auxiliaire
Pour le bien et la vertu.
L'arbre est Dieu, l'homme est le lierre ;
Dieu de l'homme s'est vêtu.

Dieu s'en sert, donc il s'en aide.
L'astre apparaît dans l'éclair ;
Zéus est dans Archimède,
Et Jéhova dans Képler.

Jusqu'à ce que l'homme meure,
Il va toujours en avant.
Sa pensée a pour demeure
L'immense idéal vivant.

Dans tout génie il s'incarne ;
Le monde est sous son orteil ;
Et s'il n'a qu'une lucarne,
Il y pose le soleil.

Aux terreurs inabordable,
Coupant tous les fatals nœuds,
L'homme marche formidable,
Tranquille et vertigineux.

De limon il se fait lave,
Et colosse d'embryon ;

Épictète était esclave,
Molière était histrion,

Ésope était saltimbanque,
Qu'importe! — il n'est arrêté
Que lorsque le pied lui manque
Au bord de l'éternité.

L'homme n'est pas autre chose
Que le prête-nom de Dieu.
Quoi qu'il fasse, il sent la cause
Impénétrable, au milieu.

Phidias cisèle Athènes ;
Michel-Ange est surhumain ;
Cyrus, Rhamsès, capitaines,
Ont une flamme à la main ;

Euclide trouve le mètre,
Le rhythme sort d'Amphion ;
Jésus-Christ vient tout soumettre,
Même le glaive, au rayon ;

Brutus fait la délivrance ;
Platon fait la liberté ;
Jeanne d'Arc sacre la France
Avec sa virginité ;

Dans le bloc des erreurs noires
Voltaire enfonce ses coins ;

Luther brise les mâchoires
De Rome entre ses deux poings;

Dante ouvre l'ombre et l'anime;
Colomb fend l'océan bleu... —
C'est Dieu sous un pseudonyme,
C'est Dieu masqué, mais c'est Dieu.

L'homme est le fanal du monde.
Ce puissant esprit banni
Jette une lueur profonde
Jusqu'au seuil de l'infini.

Cent carrefours se partagent
Ce chercheur sans point d'appui;
Tous les problèmes étagent
Leurs sombres voûtes sur lui.

Il dissipe les ténèbres;
Il montre dans le lointain
Les promontoires funèbres
De l'abîme et du destin.

Il fait voir les vagues marches
Du sépulcre, et sa clarté
Blanchit les premières arches
Du pont de l'éternité.

Sous l'effrayante caverne
Il rayonne, et l'horreur fuit.

Quelqu'un tient cette lanterne;
Mais elle t'éclaire, ô nuit!

Le progrès est en litige
Entre l'homme et Jéhovah;
La greffe ajoute à la tige;
Dieu cacha, l'homme trouva.

De quelque nom qu'on la nomme,
La science au vaste vœu
Occupe le pied de l'homme
A faire les pas de Dieu.

La mer tient l'homme et l'isole,
Et l'égare loin du port;
Par le doigt de la boussole
Il se fait montrer le nord.

Dans sa morne casemate,
Penn rend ce damné meilleur;
Jenner dit : Va-t'en, stigmate!
Jackson dit : Va-t'en, douleur!

Dieu fait l'épi, nous la gerbe;
Il est grand, l'homme est fécond;
Dieu créa le premier verbe
Et Gutenberg le second.

La pesanteur, la distance,
Contre l'homme aux luttes prêt,

Prononcent une sentence ;
Montgolfier casse l'arrêt.

Tous les anciens maux tenaces,
Hurlant sous le ciel profond,
Ne sont plus que des menaces
De fantômes qui s'en vont.

Le tonnerre au bruit difforme
Gronde... — on raille sans péril
La marionnette énorme
Que Franklin tient par un fil.

Nemrod était une bête
Chassant aux hommes, parmi
La démence et la tempête
De l'ancien monde ennemi.

Dracon était un cerbère
Qui grince encor sous le ciel
Avec trois têtes : Tibère,
Caïphe et Machiavel.

Nemrod s'appelait la Force,
Dracon s'appelait la Loi ;
On les sentait sous l'écorce
Du vieux prêtre et du vieux roi.

Tous deux sont morts. Plus de haines !
Oh ! ce fut un puissant bruit

Quand se rompirent les chaînes
Qui liaient l'homme à la nuit !

L'homme est l'appareil austère
Du progrès mystérieux ;
Dieu fait par l'homme sur terre
Ce qu'il fait par l'ange aux cieux.

Dieu sur tous les êtres pose
Son reflet prodigieux,
Créant le bien par la chose,
Créant par l'homme le mieux.

La nature était terrible,
Sans pitié, presque sans jour ;
L'homme la vanne en son crible,
Et n'y laisse que l'amour.

Toutes sortes de lois sombres
Semblaient sortir du destin ;
Le mal heurtait aux décombres
Le pied de l'homme incertain.

Pendant qu'à travers l'espace
Elle roule en hésitant,
Un flot de ténèbres passe
Sur la terre à chaque instant ;

Mais des foyers y flamboient,
Tout s'éclaircit, on le sent,

Et déjà les anges voient
Ce noir globe blanchissant.

Sous l'urne des jours sans nombre
Depuis qu'il suit son chemin,
La décroissance de l'ombre
Vient des yeux du genre humain.

L'autel n'ose plus proscrire;
La misère est morte enfin;
Pain à tous! on voit sourire
Les sombres dents de la faim.

L'erreur tombe; on l'évacue;
Les dogmes sont muselés;
La guerre est une vaincue;
Joie aux fleurs et paix aux blés!

L'ignorance est terrassée;
Ce monstre, à demi dormant,
Avait la nuit pour pensée
Et pour voix le bégaiement.

Oui, voici qu'enfin recule
L'affreux groupe des fléaux!
L'homme est l'invincible hercule,
Le balayeur du chaos.

Sa massue est la justice,
Sa colère est la bonté.

Le ciel s'appuie au solstice
Et l'homme à la volonté.

Il veut. Tout cède et tout plie.
Il construit quand il détruit;
Et sa science est remplie
Des lumières de la nuit.

Il enchaîne les désastres,
Il tord la rébellion,
Il est sublime; et les astres
Sont sur sa peau de lion.

VI

LE GRAND SIÈCLE

Ce siècle a la forme
D'un monstrueux char.
Sa croissance énorme
Sous un nain césar,

Son air de prodige,
Sa gloire qui ment,
Mêlent le vertige
A l'écrasement.

Louvois pour ministre,
Scarron pour griffon,
C'est un chant sinistre
Sur un air bouffon.

Sur sa double roue
Le grand char descend;

L'une est dans la boue,
L'autre est dans le sang.

La Mort au carrosse
Attelle, — où va-t-il ? —
Lavrillière atroce,
Roquelaure vil.

Comme un geai dans l'arbre,
Le roi s'y tient fier ;
Son cœur est de marbre,
Son ventre est de chair.

On a, pour sa nuque
Et son front vermeil,
Fait une perruque
Avec le soleil.

Il règne et végète,
Effrayant zéro
Sur qui se projette
L'ombre du bourreau.

Ce trône est la tombe ;
Et sur le pavé
Quelque chose en tombe
Qu'on n'a point lavé.

VII

ÉGALITÉ

Dans un grand jardin en cinq actes,
Conforme aux préceptes du goût,
Où les branches étaient exactes,
Où les fleurs se tenaient debout,

Quelques clématites sauvages
Poussaient, pauvres bourgeons pensifs,
Parmi les nobles esclavages
Des buis, des myrtes et des ifs.

Tout près, croissait sur la terrasse
Pleine de dieux bien copiés,
Un rosier de si grande race
Qu'il avait du marbre à ses pieds.

La rose sur les clématites
Fixait ce regard un peu sec

Que Rachel jette à ces petites
Qui font le chœur du drame grec.

Ces fleurs, tremblantes et pendantes,
Dont Zéphyre tenait le fil,
Avaient des airs de confidentes
Autour de la reine d'avril.

La haie, où s'ouvraient leurs calices
Et d'où sortaient ces humbles fleurs,
Écoutait du bord des coulisses
Le rire des bouvreuils siffleurs.

Parmi les brises murmurantes
Elle n'osait lever le front ;
Cette mère de figurantes
Était un peu honteuse au fond.

Et je m'écriai : — Fleurs éparses
Près de la rose en ce beau lieu,
Non, vous n'êtes pas les comparses
Du grand théâtre du bon Dieu.

Tout est de Dieu l'œuvre visible.
La rose, en ce drame fécond,
Dit le premier vers, c'est possible,
Mais le bleuet dit le second.

Les esprits vrais, que l'aube arrose,
Ne donnent point dans ce travers

Que les campagnes sont en prose
Et que les jardins sont en vers.

Avril dans les ronces se vautre.
Le faux art que l'ennui couva
Lâche le critique Lenôtre
Sur le poète Jéhovah.

Mais cela ne fait pas grand'chose
A l'immense sérénité,
Au ciel, au calme grandiose
Du philosophe et de l'été.

Qu'importe! croissez, fleurs vermeilles!
Sœurs, couvrez la terre aux flancs bruns.
L'hésitation des abeilles
Dit l'égalité des parfums.

Croissez, plantes, tiges sans nombre!
Du verbe vous êtes les mots.
Les immenses frissons de l'ombre
Ont besoin de tous vos rameaux.

Laissez, broussailles étoilées,
Bougonner le vieux goût boudeur;
Croissez, et sentez-vous mêlées
A l'inexprimable grandeur!

Rien n'est haut et rien n'est infime.
Une goutte d'eau pèse un ciel;

Et le mont Blanc n'a pas de cime
Sous le pouce de l'Éternel.

Toute fleur est un premier rôle ;
Un ver peut être une clarté ;
L'homme et l'astre ont le même pôle ;
L'infini, c'est l'égalité.

L'incommensurable harmonie,
Si tout n'avait pas sa beauté,
Serait insultée et punie
Dans tout être déshérité.

Dieu, dont les cieux sont les pilastres,
Dans son grand regard jamais las
Confond l'éternité des astres
Avec la saison des lilas.

Les prés, où chantent les cigales,
Et l'Ombre ont le même cadran.
O fleurs, vous êtes les égales
Du formidable Aldébaran.

L'intervalle n'est qu'apparence.
O bouton d'or tremblant d'émoi,
Dieu ne fait pas de différence
Entre le zodiaque et toi.

L'être insondable est sans frontière.
Il est juste, étant l'unité.

La création tout entière
Attendrit sa paternité.

Dieu, qui fit le souffle et la roche,
Œil de feu qui voit nos combats,
Oreille d'ombre qui s'approche
De tous les murmures d'en bas,

Dieu, le père qui mit des fêtes
Dans les éthers, dans les sillons,
Qui fit pour l'azur les comètes
Et pour l'herbe les papillons,

Et qui veut qu'une âme accompagne
Les êtres de son flanc sortis,
Que l'éclair vole à la montagne
Et la mouche au myosotis,

Dieu, parmi les mondes en fuite,
Sourit, dans les gouffres du jour,
Quand une fleur toute petite
Lui conte son premier amour.

VIII

LA MÉRIDIENNE DU LION

Le lion dort, seul sous sa voûte.
Il dort de ce puissant sommeil
De la sieste, auquel s'ajoute
Comme un poids sombre, le soleil.

Les déserts, qui de loin écoutent,
Respirent ; le maître est rentré.
Car les solitudes redoutent
Ce promeneur démesuré.

Son souffle soulève son ventre ;
Son œil de brume est submergé,
Il dort sur le pavé de l'antre,
Formidablement allongé.

La paix est sur son grand visage,
Et l'oubli même, car il dort.

Il a l'altier sourcil du sage
Et l'ongle tranquille du fort.

Midi sèche l'eau des citernes ;
Rien du sommeil ne le distrait ;
Sa gueule ressemble aux cavernes,
Et sa crinière à la forêt.

Il entrevoit des monts difformes,
Des Ossas et des Pélions,
A travers les songes énormes
Que peuvent faire les lions.

Tout se tait sur la roche plate
Où ses pas tout à l'heure erraient.
S'il remuait sa grosse patte,
Que de mouches s'envoleraient !

IV

NIVOSE

I

— Va-t'en, me dit la bise,
C'est mon tour de chanter. —
Et, tremblante, surprise,
N'osant pas résister,

Fort décontenancée
Devant un Quos ego,
Ma chanson est chassée
Par cette virago.

Pluie. On me congédie
Partout, sur tous les tons.

Fin de la comédie.
Hirondelles, partons.

Grêle et vent. La ramée
Tord ses bras rabougris;
Là-bas fuit la fumée,
Blanche sur le ciel gris.

Une pâle dorure
Jaunit les coteaux froids.
Le trou de ma serrure
Me souffle sur les doigts.

II

PENDANT UNE MALADIE

On dit que je suis fort malade,
Ami ; j'ai déjà l'œil terni ;
Je sens la sinistre accolade
Du squelette de l'infini.

Sitôt levé, je me recouche ;
Et je suis comme si j'avais
De la terre au fond de la bouche ;
Je trouve le souffle mauvais.

Comme une voile entrant au havre
Je frissonne ; mes pas sont lents,
J'ai froid ; la forme du cadavre,
Morne, apparaît sous mes draps blancs.

Mes mains sont en vain réchauffées ;
Ma chair comme la neige fond ;

Je sens sur mon front des bouffées
De quelque chose de profond.

Est-ce le vent de l'ombre obscure ?
Ce vent qui sur Jésus passa !
Est-ce le grand Rien d'Épicure,
Ou le grand Tout de Spinosa ?

Les médecins s'en vont moroses ;
On parle bas autour de moi,
Et tout penche, et même les choses
Ont l'attitude de l'effroi.

Perdu ! voilà ce qu'on murmure.
Tout mon corps vacille, et je sens
Se déclouer la sombre armure
De ma raison et de mes sens.

Je vois l'immense instant suprême
Dans les ténèbres arriver.
L'astre pâle au fond du ciel blême
Dessine son vague lever.

L'heure réelle, ou décevante,
Dresse son front mystérieux.
Ne crois pas que je m'épouvante ;
J'ai toujours été curieux.

Mon âme se change en prunelle ;
Ma raison sonde Dieu voilé ;

Je tâte la porte éternelle,
Et j'essaie à la nuit ma clé.

C'est Dieu que le fossoyeur creuse ;
Mourir, c'est l'heure de savoir ;
Je dis à la mort : Vieille ouvreuse,
Je viens voir le spectacle noir.

III

A UN AMI

Sur l'effrayante falaise,
Mur par la vague entr'ouvert,
Roc sombre où fleurit à l'aise
Un charmant petit pré vert,

Ami, puisque tu me laisses
Ta maison loin des vivants
Entre ces deux allégresses,
Les grands flots et les grands vents,

Salut! merci! les fortunes
Sont fragiles, et nos temps,
Comme l'algue sous les dunes,
Sont dans l'abîme, et flottants.

Nos âmes sont des nuées
Qu'un vent pousse, âpre ou béni,

Et qui volent, dénouées,
Du côté de l'infini.

L'énorme bourrasque humaine,
Dont l'étoile est la raison,
Prend, quitte, emporte et ramène
L'espérance à l'horizon.

Cette grande onde inquiète
Dont notre siècle est meurtri,
Écume et gronde, et me jette
Parfois mon nom dans un cri.

La haine sur moi s'arrête.
Ma pensée est dans ce bruit
Comme un oiseau de tempête
Parmi des oiseaux de nuit.

Pendant qu'ici je cultive
Ton champ comme tu le veux,
Dans maint journal l'invective
Grince et me prend aux cheveux.

La diatribe m'écharpe;
Je suis âne ou scélérat;
Je suis Pradon pour Laharpe,
Et pour de Maistre Marat.

Qu'importe! les cœurs sont ivres.
Les temps qui viennent feront

Ce qu'ils pourront de mes livres
Et de moi ce qu'ils voudront.

J'ai pour joie et pour merveille
De voir, dans ton pré d'Honfleur,
Trembler au poids d'une abeille
Un brin de lavande en fleur.

IV

CLOTURE

A MON AMI ****

I

LA SAINTE CHAPELLE

Tu sais? tu connais ma chapelle,
C'est la maison des passereaux.
L'abeille aux offices m'appelle
En bourdonnant dans les sureaux.

Là, mon cœur prend sa nourriture.
Dans ma stalle je vais m'asseoir.
Oh! quel bénitier, la nature!
Quel cierge, l'étoile du soir!

Là, je vais prier; je m'enivre
De l'idéal dans le réel;

La fleur, c'est l'âme ; et je sens vivre
A travers la terre, le ciel.

Et la rosée est mon baptême,
Et le vrai m'apparaît ! je crois.
Je dis : viens ! à celle que j'aime.
Elle, moi, Dieu, nous sommes trois.

(Car j'ai dans des bribes latines
Lu que Dieu veut le nombre impair.)
Je vais chez l'aurore à matines,
Je vais à vêpres chez Vesper.

La religion naturelle
M'ouvre son livre où Job lisait,
Où luit l'astre, où la sauterelle
Saute de verset en verset.

C'est le seul temple. Tout l'anime.
Je veux Christ ; un rayon descend ;
Et si je demande un minime,
L'infusoire me dit : Présent.

La lumière est la sainte hostie ;
Le lévite est le lys vermeil ;
Là, resplendit l'eucharistie
Qu'on appelle aussi le soleil.

La bouche de la primevère
S'ouvre, et reçoit la saint rayon ;

Je regarde la rose faire
Sa première communion.

II

AMOUR DE L'EAU

Je récite mon bréviaire
Dans les champs, et j'ai pour souffleur
Tantôt le jonc sur la rivière,
Tantôt la mouche dans la fleur.

Le poète aux torrents se plonge;
Il aime un roc des vents battu ;
Ce qui coule ressemble au songe,
Et ce qui lave à sa vertu.

Pas de ruisseau qui, sur sa rive
Où l'air jase, où germinal rit,
N'attire un bouvreuil, une grive,
Un merle, un poète, un esprit.

Le poète, assis sous l'yeuse,
Dans les fleurs, comme en un sérail,
Aime l'eau, cette paresseuse
Qui fait un si profond travail.

Que ce soit l'Erdre ou la Durance,
Pourvu que le flot soit flâneur,

Il se donne la transparence
D'une rivière pour bonheur.

Elle erre; on dirait qu'elle écoute;
Recevant de tout un tribut,
Oubliant comme lui sa route,
Et, comme lui, sachant son but.

Et sur sa berge il mène en laisse
Ode, roman, ou fabliau.
George Sand a la Gargilesse
Comme Horace avait l'Anio.

III

LE POÈTE EST UN RICHE

Nous avons des bonnes fortunes
Avec le bleuet dans les blés;
Les halliers pleins de pâles lunes
Sont nos appartements meublés.

Nous y trouvons sous la ramée,
Où chante un pinson, gai marmot,
De l'eau, du vent, de la fumée,
Tout le nécessaire, en un mot.

Nous ne produirions rien qui vaille
Sans l'ormeau, le frêne et le houx;

L'air nous aide; et l'oiseau travaille
A nos poèmes avec nous.

Le pluvier, le geai, la colombe,
Nous accueillent dans le buisson,
Et plus d'un brin de mousse tombe
De leur nid dans notre chanson.

Nous habitons chez les pervenches
Des chambres de fleurs, à crédit;
Quand la fougère a, sous les branches,
Une idée, elle nous la dit.

L'autan, l'azur, le rameau frêle,
Nous conseillent sur les hauteurs,
Et jamais on n'a de querelle
Avec ces collaborateurs.

Nous trouvons dans les eaux courantes
Maint hémistiche, et les lacs verts,
Les prés généreux, font des rentes
De rimes à nos pauvres vers.

Mon patrimoine est la chimère,
Sillon riche, ayant pour engrais
Les vérités, d'où vient Homère,
Et les songes, d'où sort Segrais.

Le poète est propriétaire
Des rayons, des parfums, des voix;

C'est à ce songeur solitaire
Qu'appartient l'écho dans les bois.

Il est, dans le bleu, dans le rose,
Millionnaire, étant joyeux ;
L'illusion étant la chose
Que l'homme possède le mieux.

C'est pour lui qu'un ver luisant rampe ;
C'est pour lui que, sous le bouleau,
Le cheval de halage trempe
Par moment sa corde dans l'eau.

Sous la futaie où l'herbe est haute,
Il est le maître du logis
Autant que l'écureuil qui saute
Dans les pins par l'aube rougis.

Avec ses stances, il achète
Au bon Dieu le nuage noir,
L'astre, et le bruit de la clochette
Mêlée aux feuillages le soir.

Il achète le feu de forge,
L'écume des écueils grondants,
Le cou gonflé du rouge-gorge
Et les hymnes qui sont dedans.

Il achète le vent qui râle,
Les lichens du cloître détruit,

Et l'effraction sépulcrale
Du vitrail par l'oiseau de nuit,

Et l'espace où les souffles errent,
Et, quand hurlent les chiens méchants,
L'effroi des moutons qui se serrent
L'un contre l'autre dans les champs.

Il achète la roue obscure
Du char des songes dans l'horreur
Du ciel sombre, où rit Épicure
Et dont Horace est le doreur.

Il achète les rocs incultes,
Le mont chauve, et la quantité
D'infini qui sort des tumultes
D'un vaste branchage agité.

Il achète tous ces murmures,
Tout ce rêve, et, dans les taillis,
L'écrasement des fraises mûres
Sous les pieds nus d'Amaryllis.

Il achète un cri d'alouette,
Les diamants de l'arrosoir,
L'herbe, l'ombre, et la silhouette
Des danses autour du pressoir.

Jadis la naïade à Bocace
Vendait le reflet d'un étang,

Glaïeuls, roseaux, héron, bécasse,
Pour un sonnet, payé comptant.

Le poëte est une hirondelle
Qui sort des eaux, que l'air attend,
Qui laisse parfois de son aile
Tomber des larmes en chantant.

L'or du genêt, l'or de la gerbe,
Sont à lui ; le monde est son champ ;
Il est le possesseur superbe
De tous les haillons du couchant.

Le soir, quand luit la brume informe,
Quand les brises dans les clartés
Balancent une pourpre énorme
De nuages déchiquetés,

Quand les heures font leur descente
Dans la nue où le jour passa,
Il voit la strophe éblouissante
Pendre à ce Décroche-moi-ça.

Maïa pour lui n'est pas défunte ;
Dans son vers, de pluie imbibé,
Il met la prairie ; il emprunte
Souvent de l'argent à Phœbé.

Pour lui le vieux saule se creuse.
Il a tout, aimer, croire et voir.

Dans son âme mystérieuse
Il agite un vague encensoir.

IV

NOTRE ANCIENNE DISPUTE

Te souviens-tu qu'en l'âge tendre
Où tu n'étais qu'un citadin,
Tu me raillais toujours de prendre
La nature pour mon jardin?

Un jour, tu t'armas d'un air rogue,
Et moi d'accents très-convaincus,
Et nous eûmes ce dialogue,
Alterné, comme dans Moschus :

TOI.

« Si tu fais ce qu'on te conseille,
« Tu n'iras point dans ce vallon
« Affronter l'aigreur de l'oseille
« Et l'épigramme du frelon.

MOI.

« J'irai.

TOI.

La nature est morose
« Souvent, pour l'homme fourvoyé.
« Si l'on est baisé par la rose,
« Par l'épine on est tutoyé.

MOI.

« Soit.

TOI.

Paris à l'homme est propice.
« Perlet joue au Gymnase, vois,
« Ravignan prêche à Saint-Sulpice.

MOI.

« Et la fauvette chante aux bois.

TOI.

« Que viens-tu faire dans ces plaines?
« On ne te connaît pas ici.
« Les bêtes parfois sont vilaines,
« L'herbe est parfois mauvaise; ainsi

« Crois-moi, n'en franchis point la porte.
« On n'y sait pas ton nom.

MOI.

Pardon!
« Vadius l'a dit au cloporte,
« Trissotin l'a dit au chardon.

TOI.

« Reste dans la ville où nous sommes,
« Car les champs ne sont pas meilleurs.

MOI.

« J'ai des ennemis chez les hommes,
« Je n'en ai point parmi les fleurs. »

V

CE JOUR-LA, TROUVAILLE DE L'ÉGLISE

Et ce même jour, jour insigne,
Je trouvai ce temple humble et grand
Dont Fénelon serait le cygne
Et Voltaire le moineau-franc.

Un moine, assis dans les coulisses,
Aux papillons, grands et petits,
Tâchait de vendre des calices
Que l'églantier donnait gratis.

Là, point d'orangers en livrée;
Point de grenadiers alignés;
Là, point d'ifs allant en soirée,
Pas de buis, par Boileau peignés.

Pas de lauriers dans des guérites;
Mais, parmi les prés et les blés,
Les paysannes marguerites
Avec leurs bonnets étoilés.

Temple où les fronts se rassérènent,
Où se dissolvent les douleurs,
Où toutes les vérités prennent
La forme de toutes les fleurs!

C'est là qu'avril oppose au diable,
Au pape, aux enfers, aux satans,
Cet alleluia formidable,
L'éclat de rire du printemps.

Oh! la vraie église divine!
Au fond de tout il faisait jour.
Une rose me dit : Devine.
Et je lui répondis : Amour.

VI

L'HIVER

L'autre mois pourtant, je dois dire
Que nous ne fûmes point reçus;
L'église avait cessé de rire;
Un brouillard sombre était dessus;

Plus d'oiseaux, plus de scarabées;
Et par des bourbiers, noirs fossés,
Par toutes les feuilles tombées,
Par tous les rameaux hérissés,

Par l'eau qui détrempait l'argile,
Nous trouvâmes barricadé
Ce temple qu'eût aimé Virgile
Et que n'eût point haï Vadé.

On était au premier novembre.
Un hibou, comme nous passions,
Nous cria du fond de sa chambre :
Fermé pour réparations.

AU CHEVAL

I

Monstre, à présent reprends ton vol.
Approche, que je te déboucle.
Je te lâche, ôte ton licol,
Rallume en tes yeux l'escarboucle.

Quitte ces fleurs, quitte ce pré.
Monstre, Tempé n'est point Capoue.
Sur l'océan d'aube empourpré,
Parfois l'ouragan calmé joue.

Je t'ai quelque temps tenu là.
Fuis ! — Devant toi les étendues,
Que ton pied souvent viola,
Tremblent, et s'ouvrent, éperdues.

Redeviens ton maître, va-t'en !
Cabre-toi, piaffe, redéploie

CCCX

Tes farouches ailes, titan,
Avec la fureur de la joie.

Retourne aux pâles profondeurs.
Sois indomptable, recommence
Vers l'idéal, loin des laideurs,
Loin des hommes, ta fuite immense.

Cheval, devance l'aquilon,
Toi, la raison et la folie,
L'échappé du bois d'Apollon,
Le dételé du char d'Élie !

Vole au-dessus de nos combats,
De nos succès, de nos désastres,
Et qu'on aperçoive d'en bas
Ta forme sombre sous les astres.

II

Mais il n'est plus d'astre aux sommets !
Hélas, la brume sur les faîtes
Rend plus lugubre que jamais
L'échevèlement des prophètes.

Toi, brave tout ! qu'au ciel terni
Ton caprice énorme voltige ;
Quadrupède de l'infini,
Plane, aventurier du vertige.

CCCXI

Fuis dans l'azur, noir ou vermeil.
Monstre, au galop, ventre aux nuages!
Tu ne connais ni le sommeil,
Ni le sépulcre, nos péages.

Sois plein d'un implacable amour.
Il est nuit. Qu'importe. Nuit noire.
Tant mieux, on y fera le jour.
Pars, tremblant d'un frisson de gloire!

Sans frein, sans trêve, sans flambeau,
Cherchant les cieux hors de l'étable,
Vers le vrai, le juste et le beau,
Reprends ta course épouvantable.

III

Reprends ta course sans pitié,
Si terrible et si débordée
Que Néron se sent châtié
Rien que pour l'avoir regardée.

Va réveiller Démogorgon.
Sois l'espérance et l'effroi, venge,
Rassure et console, dragon
Par une aile, et par l'autre, archange.

Verse ton souffle auguste et chaud
Jusque sur les plus humbles têtes.

Porte des reproches là-haut,
Égal aux dieux, frère des bêtes.

Fuis, cours ! sois le monstre du bien,
Le cheval démon qui délivre !
Rebelle au despote, au lien,
De toutes les vérités ivre !

Quand vient le déclin d'un tyran,
Quand vient l'instant des lois meilleures,
Qu'au ciel sombre, éternel cadran,
Ton pied frappe ces grandes heures.

Donne à tout ce qui rampe en bas,
Au barde qui vend Calliope,
Au peuple voulant Barabbas,
A la religion myope,

Donne à quiconque ignore ou nuit,
Aux fausses gloires, aux faux zèles,
Aux multitudes dans la nuit,
L'éblouissement de tes ailes.

IV

Va ! pour vaincre et pour transformer,
Pour que l'homme se transfigure,
Qu'il te suffise de fermer
Et de rouvrir ton envergure.

Sois la bonté, sois le dédain;
Qu'un incompréhensible Éole
Fasse parfois sortir soudain
Des foudres de ton auréole.

Ton poitrail resplendit, on croit
Que l'aube, aux tresses dénouées,
Le dore, et sur ta croupe on voit
Toutes les ombres des nuées.

Jette au peuple un hennissement,
A l'échafaud une ruade;
Fais une brèche au firmament
Pour que l'esprit humain s'évade.

Soutiens le penseur, qui dément
L'autel, l'augure et la sibylle,
Et n'a pas d'autre adossement
Que la conscience immobile.

Plains les martyrs de maintenant,
Attendris ton regard sévère,
Et contemple, tout en planant,
Leur âpre montée au Calvaire.

V

Cours sans repos, pense aux donjons,
Pense aux murs hauts de cent coudées,

Franchis, sans brouter les bourgeons,
La forêt-vierge des idées.

Ne t'attarde pas, même au beau.
S'il est traître ou froid, qu'il t'indigne.
La nuit ne fait que le corbeau,
La neige ne fait que le cygne,

Le soleil seul fait l'aigle. Va!
Le soleil au mal est hostile.
Quand l'œuf noir du chaos creva,
Il en sortit, beau, mais utile.

Immortel, protége l'instant.
L'homme a besoin de toi, te dis-je.
Précipite-toi, haletant,
A la poursuite du prodige.

Le prodige, c'est l'avenir;
C'est la vie idéalisée,
Le ciel renonçant à punir,
L'univers fleur et Dieu rosée.

Plonge dans l'inconnu sans fond!
Cours, passe à travers les trouées!
Et, du vent que dans le ciel font
Tes vastes plumes secouées,

Tâche de renverser les tours,
Les geôles, les temples athées,

CCCXV

Et d'effaroucher les vautours
Tournoyant sur les Prométhées.

Vole, altier, rapide, insensé,
Droit à la cible aux cieux fixée,
Comme si je t'avais lancé,
Flèche, de l'arc de ma pensée.

VI

Pourtant sur ton dos garde-moi ;
Car tous mes songes font partie
De ta crinière, et je ne voi
Rien sur terre après ta sortie.

Je veux de telles unions
Avec toi, cheval météore,
Que, nous mêlant, nous parvenions
A ne plus être qu'un centaure.

Retourne aux problèmes profonds.
Brise Anankè, ce lourd couvercle
Sous qui, tristes, nous étouffons ;
Franchis la sphère, sors du cercle !

Quand, l'œil plein de vagues effrois,
Tu viens regarder l'invisible,
Avide et tremblant à la fois
D'entrer dans ce silence horrible,

CCCXVI

La Nuit grince lugubrement ;
Le Mal, qu'aucuns rayons n'éclairent,
Fait en arrière un mouvement
Devant tes naseaux qui le flairent ;

La Mort, qu'importune un témoin,
S'étonne, et rentre aux ossuaires ;
On entrevoit partout au loin
La fuite obscure des suaires.

Tu ne peux, étant âme et foi,
Apparaître à l'horizon sombre
Sans qu'il se fasse autour de toi
Un recul de spectres dans l'ombre.

VII

Tout se tait dans l'affreux lointain
Vers qui l'homme effaré s'avance ;
L'oubli, la tombe, le destin,
Et la nuit, sont de connivence.

Dans le gouffre, piége muet,
D'où pas un conseil ne s'élance,
Déjoue, ô toi, grand inquiet,
La méchanceté du silence.

Tes pieds volants, tes yeux de lynx
Peuvent sonder tous les peut-êtres ;
Toi seul peux faire peur aux sphinx,
Et leur dire : Ah ça ! parlez, traîtres !

CCCXVII

D'en haut, jette à l'homme indécis
Tous les mots des énigmes louches.
Déchire la robe d'Isis.
Fais retirer les doigts des bouches.

Connaître, c'est là notre faim.
Toi, notre esprit, presse et réclame.
Que la matière avoue enfin,
Mise à la question par l'âme.

Et qu'on sache à quoi s'en tenir
Sur la quantité de souffrance
Dont il faut payer l'avenir,
Dût pleurer un peu l'espérance !

VIII

Sois le trouble-fête du mal.
Force le dessous à paraître.
Tire du sultan l'animal,
Du dieu le nain, l'homme du prêtre.

Lutte. Aiguillon contre aiguillon !
La haine attaque, guette, veille ;
Elle est le sinistre frelon,
Mais n'es-tu pas la grande abeille !

Extermine l'obstacle épais,
L'antagonisme, la barrière.

CCCXVIII

Mets au service de la paix
La vérité, cette guerrière.

L'inquisition souriant
Rêve le glaive aidant la crosse;
Pour qu'elle s'éveille en criant,
Mords jusqu'au sang l'erreur féroce.

IX

Si le passé se reconstruit
Dans toute son horreur première,
Si l'abîme fait de la nuit,
O cheval, fais de la lumière.

Tu n'as pas pour rien quatre fers.
Galope sur l'onde insondable;
Qu'un rejaillissement d'éclairs
Soit ton annonce formidable.

Traverse tout, enfers, tombeaux,
Précipices, néants, mensonges,
Et qu'on entende tes sabots
Sonner sur le plafond des songes.

Comme sur l'enclume un forgeur,
Sur les brumes universelles
Abats-toi, fauve voyageur,
O puissant faiseur d'étincelles!

CCCXIX

Sers les hommes en les fuyant.
Au-dessus de leurs fronts funèbres,
Si le zénith reste effrayant,
Si le ciel s'obstine aux ténèbres,

Si l'espace est une forêt,
S'il fait nuit comme dans les Bibles,
Si pas un rayon ne paraît,
Toi, de tes quatre pieds terribles,

Faisant subitement tout voir,
Malgré l'ombre, malgré les voiles,
Envoie à ce fatal ciel noir
Une éclaboussure d'étoiles.

TABLE

	Pages.
Préface..	V
LE CHEVAL...	VII

LIVRE PREMIER

JEUNESSE

I

FLORÉAL

I.	Ordre du jour de floréal......................	13
II.	Orphée au bois du Caystre.....................	15
III.	ΨΥΧΗ...	17
IV.	Le poète bat aux champs........................	20
V.	Interruption a une lecture de Platon........	27
VI.	Quand les guignes furent mangées............	29
VII.	Genio libri......................................	30

II

LES COMPLICATIONS DE L'IDÉAL

I.	Paulo minora canamus...........................	35
II.	Réalité...	39
III.	En sortant du collége..........................	41
	Première lettre.................................	41
	Deuxième lettre.................................	43
IV.	Paupertas..	45
V.	O hyménée!......................................	49
VI.	Hilaritas..	51

		Pages.
VII.	Meudon	53
VIII.	Bas a l'oreille du lecteur	59
IX.	Senior est junior	60

III

POUR JEANNE SEULE

I.	Je ne me mets pas en peine	73
II.	Jeanne chante; elle se penche	75
III.	Duel en juin	77
IV.	La nature est pleine d'amour	82
V.	Ami, j'ai quitté vos fêtes	83
VI.	A Jeanne	87
VII.	Les étoiles filantes	89

IV

POUR D'AUTRES

I.	Mon vers, s'il faut te le redire	99
II.	Jour de fête aux environs de Paris	101
III.	La bataille commença	105
IV.	Lisbeth	106
V.	Chelles	108
VI.	Dizain de femmes	110
VII.	Choses écrites a Créteil	114
VIII.	Le lendemain	118
IX.	Fuis l'éden des anges déchus	120
X.	L'enfant avril est le frère	122
XI.	Post-scriptum des rêves	124

V

SILHOUETTES DU TEMPS JADIS

I.	Le chêne du parc détruit	130
II.	Écrit en 1827	148

VI

L'ÉTERNEL PETIT ROMAN

I.	Le doigt de la femme....................	155
II.	Fuite en Sologne.......................	158
III.	Gare !..................................	164
IV.	A doña Rosita Rosa.....................	169
V.	A Rosita...............................	172
VI.	C'est parce qu'elle se taisait...........	173
VII.	A la belle impérieuse...................	175
VIII.	Sommation irrespectueuse...............	176
IX.	Fêtes de village en plein air............	181
X.	Confiance..............................	183
XI.	Le nid.................................	187
XII.	A propos de doña Rosa.................	191
XIII.	Les bonnes intentions de Rosa.........	193
XIV.	Rosa fâchée............................	196
XV.	Dans les ruines d'une abbaye...........	197
XVI.	Les trop heureux.......................	199
XVII.	A un visiteur parisien..................	201
XVIII.	Dénonciation de l'esprit des bois.......	205
XIX.	Réponse a l'esprit des bois.............	207
XX.	Lettre.................................	210
XXI.	L'oubli................................	214

LIVRE SECOND

SAGESSE

I

AMA, CREDE

I.	De la femme au ciel....................	223
II.	L'église................................	225
III.	Saison des semailles. Le soir	233

II

OISEAUX ET ENFANTS

I.	Oh ! les charmants oiseaux joyeux !............	235
II.	Une alcôve au soleil levant................	238
III.	Comédie dans les feuilles.................	240
IV.	Les enfants lisent, troupe blonde...........	244

III

LIBERTÉ, ÉGALITÉ, FRATERNITÉ

I.	Depuis six mille ans la guerre...............	246
II.	Le vrai dans le vin.......................	249
III.	Célébration du 14 juillet dans la forêt......	254
IV.	Souvenir des vieilles guerres...............	259
V.	L'ascension humaine......................	263
VI.	Le grand siècle........................	279
VII.	Égalité...............................	281
VIII.	La méridienne du lion....................	286

IV

NIVOSE

I.	— Va-t'en, me dit la bise................	288
II.	Pendant une maladie.....................	290
III.	A un ami.............................	293
IV.	Cloture...............................	296
	I. La sainte chapelle.................	296
	II. Amour de l'eau.....................	298
	III. Le poète est un riche................	299
	IV. Notre ancienne dispute...............	304
	V. Ce jour-là, trouvaille de l'Église........	306
	VI. L'hiver...........................	307

AU CHEVAL.................................. CCCIX

PUBLICATIONS DES MÊMES ÉDITEURS

ŒUVRES DE VICTOR HUGO

LES MISÉRABLES. 10 volumes in-8°.................. 60 »

    LE MÊME OUVRAGE, 10 vol. gr. in-18 jésus.......... 35 »

LES TRAVAILLEURS DE LA MER. 3 vol. in-8°.... 18 »

    LE MÊME OUVRAGE, 2 vol. gr. in-18 jésus........... 7 »

WILLIAM SHAKESPEARE. 1 fort vol. in-8°........ 7 50

    LE MÊME OUVRAGE, 1 vol. gr. in-18 jésus........... 3 50

LES CHANSONS DES RUES ET DES BOIS. 1 vol.
in-8°... 7 50

    LE MÊME OUVRAGE, 1 vol. gr. in-18 jésus.......... 3 50

VICTOR HUGO RACONTÉ PAR UN TÉMOIN DE
SA VIE. 2 vol. in-8°................................ 15 »

    LE MÊME OUVRAGE, 2 vol. gr. in-18 jésus.......... 7 »

www.ingramcontent.com/pod-product-compliance
Lightning Source LLC
Chambersburg PA
CBHW060515170426
43199CB00011B/1461